세상은
사탄의 불꽃 놀이터

세상은
사탄의 불꽃 놀이터

첫판 1쇄 2024년 8월 22일

지은이 이옥련
펴낸이 김은옥
디자인 황지은
펴낸곳 올리브북스

주소 인천시 부평구 부평대로 153
전화 032-233-2427
이메일 olivebooks@naver.com
블로그 blog.naver.com/olivebooks
인스타그램 instagram.com/olivebooks_publisher
출판등록 제387-2007-00012호(2007년 5월 21일)

© 이옥련, 2024

ISBN 978-89-94035-65-9 (03230)

세상은 행동하는 사람에 의해 움직입니다. 소중한 경험, 따뜻한 시선을 가진 원고, 참신한 기획의 소재가 있으신 분은 올리브북스와 의논해 주십시오. 그 원고가 세상의 소금과 빛이 될 수 있도록, 최고의 책으로 빛날 수 있도록 정성을 다하겠습니다.

총판 기독교출판유통 | 031-906-9191(전화), 0505-365-9191(팩스)

세상은
사탄의 **불꽃** 놀이터

이옥련 지음

특명: 하나님의 창조 질서를 파괴하라

올리브 북스
Olive Books

마태복음 24장에는 마지막 때에 대한 제자들의 질문과 예수님의 대답이 나옵니다.

"주님의 임하심과 세상 끝에는 무슨 징조가 있습니까?"

"많은 사람이 내(예수) 이름으로 사람들을 미혹하리라. 난리와 전쟁의 소문과 민족이 민족을, 나라가 나라를 대적하여 일어나겠고 곳곳에 기근과 지진이 있으리니 이 모든 것이 재난의 시작이라 주님 재림의 날이 가까워지는 징조다."

그리고 디모데후서 3장에서 바울 사도는 말세의 징조에 대해 이같이 말합니다.

"사람들이 자기를 사랑하며 돈을 사랑하며 자랑하며

교만하며 비방하며 부모를 거역하며 감사하지 아니하며 거룩하지 아니하며 무정하며 원통함을 풀지 아니하며 모함하며 절제하지 못하며 사나우며 선한 것을 좋아하지 아니하며 배신하며 조급하며 자만하며 쾌락을 사랑하기를 하나님 사랑하는 것보다 더하며 경건의 모양은 있으나 경건의 능력은 부인하니 이 같은 자들에게서 네가 돌아서라."

사탄은 오늘도 쉬지 않고 집어삼킬 자를 찾아 우는 사자같이 울부짖고 있습니다. 세상은 앞으로 점점 더 나빠지고 우리는 소망 없는 세상을 살아야 할 것입니다. 소망은 오직 예수 그리스도 한 분뿐이고, 새 하늘과 새 땅 천국뿐입니다.

이 책을 예수 그리스도의 이름으로 세상에 내놓습니다. 오직 하나님께만 영광을 올립니다. 수고해 주신 올리브북스와 사랑하는 가족들에게 감사의 마음을 전합니다.

차례

들어가는 글 - 4

1부 사탄의 존재

사탄의 존재 - 12

사탄의 활동 - 15

사탄의 독백 - 17

사탄 회고록 - 18

모든 피조물을 만드신 하나님 - 20

사탄의 목표 - 22

사탄의 질투 - 23

에덴동산의 침입자 - 25

선악과나무 큰 소리로 울다 - 27

아담과 하와, 죄와 입맞추다 - 29

선악과나무의 애가 - 31

비통한 아담의 고백 - 32

후손들의 아우성 - 34

세상은 사탄의 불꽃 놀이터 - 35

2부 예수 이름만 빼라

비상계엄을 선포하다 - 38

예수 그리스도를 배반하라 - 40

예수 그리스도를 처절하게 짓밟아라 - 42

사랑 때문에 - 44

예수 그리스도의 죽음과 부활을 수장시켜라 - 45

예수의 죽음 - 47

부활 승천하신 예수 - 49

사탄의 특명 - 51

육체의 욕망에 밧줄을 걸어라 - 53

인간을 인질로 잡다 - 55

욕망에 불을 붙이자 - 57

죽음 앞에서 - 59

창조 질서를 파괴하라 - 61

진화론, 하나님의 창조를 받아치다 - 64

진화론, 하나님을 부인하게 하다 - 66

사탄의 불편한 마음 - 68

인간은 하나님을 두려워하지 않는다 - 70

사탄의 그물망에 걸려든 과학자들 - 72

굿판의 가상 세계 - 74

하나님의 영광을 훔치다 - 76

감사를 모르는 뻔뻔함 - 79

세상 경기장 - 81

다음 세대를 붙잡아라 - 84

하와의 후손들 손에 깃발을 - 86

내 인생의 주인은 나 - 88

인간의 마음에서 죄의식을 삭제하라 - 89

악하고 음란한 세상을 만들자 - 90

창조 질서의 역주행 - 91

사탄의 아지트를 방문하다 - 94

쇠사슬로 묶어 종으로 삼아라 - 97

예수 이름만 빼라 - 100

사탄의 교회 탐방기 - 103

아니지 아니야 - 106

행위 구원의 그물을 더 촘촘하게 펼쳐라 - 108

예수쟁이들을 절망시켜라 - 109

영권을 잃은 교회 - 110

지옥의 춤을 추는 가면무도회 - 112

3부 빛으로 오신 예수

공간 - 116

빛으로 오신 예수 - 118

천국을 사는 집단 - 121

사탄 숭배 - 124

불못에 들어가는 죄 - 126

빨리 도망쳐라. 붙잡히면 지옥행이다 - 129

하나님을 잃어버리는 나라 - 132

핵보다 위험한 AI - 135

때가 이르렀다 - 137

통제 사회 - 139

온 세계가 경악할 사건 - 142

휴거 후 대환난의 세상 - 146

하나님도 손을 놓다 - 149

예수의 지상 재림 - 152

예수, 천 년을 통치하시다 - 155

사탄의 최후 진술 - 161

백 보좌 심판 - 164

새 하늘과 새 땅 - 167

모든 것을 꿰뚫어 보시는 하나님 - 169

하나님의 비웃음 - 173

1부

사탄의 존재

사탄의 존재

나 사탄의 지상 왕권은 찬란하게 빛나는구나.

나를 경배하는 인간들을 통해 하나님과 같아질 수 있을까? 나는 하나님께 지음받은 최상의 아름다움과 지혜의 천사장이었다. 하지만 은혜를 교만으로 바꾸어 하나님을 대적하고 그분의 자리를 탐내었다.

하나님 영광의 찬란함과 천군 천사들의 경배의 황홀함이 탐이 났다. 하나님이 가진 모든 것을 빼앗고 싶은 욕망이 나를 충동질했다. 어두움의 유혹에 나의 교만이 나를 삼켰다. 하늘의 천사 삼분의 일을 포섭해 반란을 일으켰다.

> 그의 꼬리가 하늘의 별들 중 삼분의 일을 끌어다가 땅에 내던지더라(요한계시록 12:4).

하나님을 쫓아내고 천국의 왕이 되고 싶었다.

　　내가 하늘로 올라가 내가 하나님의 별들 위로 내 왕좌
　　를 높이리라 내가 구름들이 있는 높은 곳 위로 올라가
　　내가 지극히 높으신 이와 같이 되리라(이사야 14:13-14).

　　하나님이 창조하신 천사장은 미가엘, 가브리엘, 루시엘
이다. 미가엘 천사장은 천군을 이끄는 군대 장관이다.
　　가브리엘 천사장은 정보와 통신을 다스리며 하나님의
중요한 메시지를 전달하였다. 루시엘 천사장은 지근거리
에서 하나님을 보필하는 막강한 힘을 가진 비서실장 역할
을 담당하였다.
　　나 루시엘은 탁월한 능력으로 창조되었지만 창조주의
자리를 탐하는 교만한 마음을 품었다. 하나님의 피조물인
것을 망각한 것이다. 하나님을 대적한 죄로 하나님께 쫓
겨나 하늘에 있을 곳이 없었다.

　　그 큰 용 즉 저 옛 뱀 곧 마귀라고도 하고 사탄이라고도
　　하며 온 세상을 속이는 자가 내쫓기더라 그가 땅으로
　　내쫓기니 그의 천사들도 그와 함께 내쫓기니라(요한계시

록 12:9).

하늘에서 쫓겨난 루시엘 천사장은 루시퍼라고 불렸으며 또 다른 이름은 마귀, 사탄, 용, 뱀이다.

사탄이 된 루시퍼와 타락한 천사들, 즉 악한 영들의 끝은 영원한 불 속에 던져지는 것이다.

그러나 너는 끌려가 지옥으로 곧 그 구덩이의 옆면들로 내려가리라(이사야 14:15).

저주를 받은 자들아 너희는 내게서 떠나 마귀(사탄)와 그의 천사들을 위하여 예비된 영존하는 불에 들어가라 (마태복음 25:41).

루시퍼와 타락한 천사들은 천국에서 쫓겨나 캄캄한 우주의 유랑자 신세가 되었다.

그들이 둥지를 튼 곳은 어두운 우주와 지구였다.

루시퍼와 타락한 천사들은 이 세상 어두움의 주관자들 곧 악한 영들이 되었다.

사탄의 활동

사탄은 예수를 믿지 않고 구원받지 않은 사람들의 마음을 지배하는 영이다.

너희는 너희 아비 마귀에게서 났으므로 너희 아비의 욕망들을 행하려 하느니라 그는 처음부터 살인자요 자기속에 진리가 없으므로 진리 안에 거하지 아니하고 거짓말을 할 때에 자기의 것으로 말하나니 이는 그가 거짓말쟁이요 거짓의 아비이기 때문이라(요한복음 8:44).

사탄은 지구에 똬리를 틀었다.
사탄은 하늘에서는 왕이 될 수 없었지만, 지구에서는 왕이 되었다.

사탄은 세상 권세를 잡은 자다.

공중의 권세 잡은 통치자 곧 지금 불순종의 자녀들 가운데서 활동하는 영을 따라 걸었느니라(에베소서 2:2).

너희 대적 마귀가 울부짖는 사자같이 두루 다니며 삼킬 자를 찾나니(베드로전서 5:8).

사탄은 세상의 왕이지만 하나님의 허용 안에서만 세상을 다스릴 수 있다.
하나님의 뜻과 계획과 목적을 다 이루실 동안에만 활동할 수 있다.
사탄과 타락한 천사들의 운명은 이미 결정되었다.

또 그들을 속인 마귀가 불과 유황 호수에 곧 그 짐승과 거짓 대언자가 있는 곳에 던져져서 영원무궁토록 밤낮으로 고통을 받으리라(요한계시록 20:10).

사탄의 독백

나는 하나님께 기름 부음을 받은 덮는 그룹이었다. 나는 하나님에 의해 완전하게 창조되었다. 나는 하나님의 거룩한 산 위에 있었다.

나의 아름다움은 광채가 났고 나의 지혜는 충만하였다.

나의 아름다움으로 내 마음이 높아졌고, 나의 아름다움으로 내가 내 지혜를 부패시켰다. 내 마음 속에 내 보좌를 하나님의 별들보다 높일 것이다. 내 마음 속에 지극히 높으신 분같이 될 것이다.

마침내 내 마음에 불법이 발견되었다. 하나님의 자리를 탐내는 교만이 불을 뿜었다. 하나님은 나를 더럽게 생각하셨다. 하나님 나라에서 쫓아내시고 땅 위에 던지셨다.

나는 하나님께 버림받은 존재가 되었다.

사탄 회고록

하나님은 스스로 존재하는 분, 모든 것을 다스리고, 모든 것을 통치하는 왕이시다.

하나님은 빛이시다.

영광과 영화와 거룩함과 선함과 완전함과 의 그 자체이시다.

사랑, 희락, 화평, 자비, 희생, 오래 참으심은 하나님 스스로이시다. 어떤 어둠도 거짓도 하나님의 빛 앞에는 설 수가 없다.

천국은 하나님의 빛으로 충만한 도성이다.

성곽은 벽옥, 성벽은 각종 보석, 거리는 순금의 투명한 유리 같다.

궁전은 각종 보석으로 지어졌다.

죽음과 고통이 없는 영원의 세계, 불안이 없는 평화의
나라다.

밤도 시간도 없다.

하나님의 통치만 존재한다.

최상의 아름다움과 완전함의 나라다.

의와 거룩이 없으면 갈 수 없는 나라다.

티끌만큼의 불의, 거짓, 죄가 있으면 갈 수 없는 나라다.

나 어찌 이 천국에서 떨어졌을까?

나 어찌해야 이 천국으로 돌아갈 수 있을까?

아, 나의 본향 천국이 너무도 그립다.

모든 피조물을 만드신
하나님

하나님께서 태초에 천지를 만드셨다.

6일 동안 피조물인 인간과 자연을 만드셨다.

빛, 하늘, 땅, 바다, 풀, 씨 맺는 채소, 열매 맺는 과일나무, 해, 달, 별, 바다, 동물, 큰 고래, 하늘의 새, 땅의 짐승을 말씀으로 창조하셨다.

하나님의 형상과 하나님의 모양을 따라 땅의 흙으로 사람을 만드셨다.

사람의 콧구멍에 생명의 호흡을 불어넣으셨다.

사람이 살아 있는 혼이 되었다.

주 하나님은 남자에게서 취한 갈비뼈로 아담을 위해 돕는 배필 여자를 만드셨다.

남자와 여자를 만드신 하나님은 그들이 한 몸이 되게

하셨다.

> 하나님께서 지으신 모든 것을 보시니 보라 그것이 아주
> 좋았더라(창세기 1:31).

> 땅 위에서 움직이는 모든 생물을 다스리라 하시더라
> (창세기 1:28).

아담이 부르는 것이 땅의 피조물들의 이름이 되었다.

하나님은 아담에게 피조물들을 다스리는 권한을 주셨다.

각각의 피조물들과 아름다운 완전체 에덴동산은 하늘의 에덴을 땅에 창조하신 것이다.

나 사탄은 기필코 인간을 타락시켜서 하나님이 만드신 모든 창조물을 파괴할 것이다.

보시기에 심히 좋아 웃으시는 하나님의 마음에 고통과 눈물을 안겨 줄 것이다.

사탄의 목표

정신을 차리자. 나 사탄은 하나님의 사랑이 얼마나 큰지를 잘 알고 있다. 하나님은 분명 내가 타락하기 전 나에게 퍼부은 사랑으로 인간들을 사랑할 것이다.

그 사랑은 너무나 크고 황홀하다.

나는 울면서 후회만 하지 않을 것이다.

나의 교만과 악은 오히려 나를 더 강하게 할 것이다.

하나님과 아담 하와의 사랑을 그저 바라만 보지 않을 것이다.

내가 하나님께 죄를 지어 하늘 에덴에서 쫓겨났듯이 아담과 하와도 죄를 지어 에덴동산에서 쫓겨나게 할 것이다. 이것이 하나님에 대한 보복이며 앙갚음이다.

바로 이런 것이 은혜를 원수로 갚는 것이다.

사탄의 질투

아름다운 낙원 에덴동산에서 하나님의 사랑을 받으며 하나님과 거니는 아담과 하와를 보았다.

나의 질투는 화산 폭발처럼 치솟아 올랐다.

내 마음속에는 시뻘건 용암이 흘러내리고 화산재가 눈을 가렸다.

나 사탄은 창조 세계 전체를 반역의 거대한 통 안에 처넣을 기회만 엿보고 있다.

나 사탄은 물러나지 않을 것이다.

천지를 창조하시고 심히 기뻐하신 하나님의 마음에 고통과 눈물을 안겨 주리라.

아담과 하와를 미혹해 기필코 죄인으로 만들 것이다.

그때 사랑이 충만한 음성이 아담을 불렀다.

아담아,

주 하나님께서 남자에게 명령하여 이르시되 동산의 모든 나무에서 나는 것은 네가 마음대로 먹어도 되나 선악을 알게 하는 나무에서 나는 것은 먹지 말라 그 나무에서 나는 것을 먹는 날에는 네가 반드시 죽으리라(창세기 2:16-17).

나 사탄은 이 소리를 들었다. 드디어 기회가 왔다.

나는 반드시 아담이 선악과를 따먹고 하나님께 불순종하게 만들 것이다.

불순종은 죄다.

죄를 짓고 죽게 할 것이다.

죄의 피는 후손들에게 유전된다.

아담이 죄를 지으면 아담의 후손들도 죄인이 되고 죄로 인해 죽을 수밖에 없다.

아, 생각만 해도 즐겁고 짜릿하다.

에덴동산의 침입자

주 하나님께서 지으신 들의 어떤 짐승보다도 뱀은 더욱
간교하더라(창세기 3:1).

나 사탄은 간사하고 교활한 웃음으로 에덴동산에 침입
했다.

"안녕, 하와야! 참으로 아름답고 황홀한 여인아! 맛있는
이 많은 과일을 다 먹어 보았니?

저 동산 중앙에 있는 과일이 엄청나게 맛있어 보이는
데 저것도 먹어 보았니?"

"아니, 저 과일은 먹을 수 없어."

"왜 먹을 수 없는데?"

"저 과일을 먹으면 아담과 나는 죽을 수 있기 때문이

야.”

“누가 그런 엉터리 말을 했어? 저 과일에는 엄청난 비
밀이 숨겨져 있어.”

“비밀? 무슨 비밀?”

“저 과일을 먹어도 너희는 죽지 않아. 오히려 눈이 밝
아져 하나님같이 될 거야.”

“뭐라고? 우리가 하나님같이 된다고?”

“그래, 너희는 하나님과 같아져 그러니 어서 먹어, 어서
먹으라니까. 그리고 아담에게도 꼭 줘야 해. 하나님과 같
아지면 정말 좋겠지? 그러면 하나님의 영광은 너희 것이
되는 거야.”

나 사탄은 하와의 마음이 흔들리는 것을 알아채고 마
지막 숨통을 조이는 작업에 들어갔다.

선악과나무
큰 소리로 울다

선과 악의 지식의 나무에서 나는 것은 먹지 말라 네가 거기서 나는 것을 먹는 날에는 반드시 죽으리라(창세기 2:17).

선악과나무는 몸을 떨고 소리쳤다.

"따지 마, 먹지 마. 하와야! 너희가 이 열매를 먹는 것은 하나님의 주권과 권위와 영광에 도전하고 대적하는 행위야.

너희는 약속을 지켜야 해. 복종해야 해.

하나님의 법을 지키지 않으면 너희는 죄인이 되는 거야. 너희는 하나님 집에서 쫓겨날 거야.

하와야, 정신 차려. 하나님 말씀을 기억해.

저 뱀(사탄)이 너희를 미혹하는 거야.

선악과를 먹으면 너희와 너희 후손들은 사탄의 손아귀에 들어가고 하나님과 원수가 되는 거야.

사탄은 쫓겨난 앙갚음을 너희를 통해 하는 거야.

하나님은 사탄이 대적하고 반항할 때 많이 아파하셨어.

하나님께서 너희를 창조하시고 얼마나 기뻐하셨니?

너희는 하나님의 마음을 아프게 하면 안 돼.

선악과를 먹으면 인간뿐만 아니라 모든 피조물도 파괴돼. 서로 죽이고 고통과 불안, 저주와 슬픔, 질병과 전쟁, 기근과 미움, 두려움 속에서 살게 될 거야.

인간을 사랑하시는 하나님은 그 사랑 때문에 선악과를 금하신 거야.

사탄은 하나님과 인간의 사랑 관계를 끊기 위해 선악과를 먹도록 미혹하는 거야.

사탄 자신이 들어갈 지옥에 인간들을 집어넣을 계획을 꾸미는 거야.

안 돼! 하와야, 따먹지 마."

하지만 나 사탄이 누구인가?

실패할 일이면 시작도 안 했다.

아담과 하와,
죄와 입맞추다

뱀이 여자에게 이로되 너희가 절대로 죽지 아니하리라
너희가 그것을 먹는 날에 너희 눈이 열리고 너희가 신
들과 같이 되어 선악을 알 줄을 하나님이 아시느니라

(창세기 3:4-5).

하와는 사탄의 미혹에 하나님도, 하나님 말씀도 잊어
버렸다.

하와는 온 인류를 파멸할 발걸음을 한발 한발 옮겼다.

사탄의 손아귀에 들어가는 하와의 모습은 빛을 잃는
어둠이다.

모든 피조물이 절망과 비통의 울음을 터트렸다.

하와는 서서히 서서히 선악과나무에 다가갔다.

선악과나무는 소리치고 저항했지만, 하와의 눈에는 먹기 좋고, 보기 좋고, 탐스러운 나무 열매였다.

> 그녀가 그 나무의 열매를 따서 먹고 자기와 함께한 자기 남편에게도 주매 그가 먹으니라(창세기 3:6).

하와도 먹고 남편 아담도 먹었다.

에덴의 선악과 사건은 하나님의 권위에 도전하고 창조질서를 파괴하고 하나님을 대적한 엄청난 범죄였다.

죄를 알지 못한 그들은 선악과를 먹고 범죄자가 되었다. 선악과 사건은 하나님의 자녀를 사탄의 자녀로 바꾼 대역사의 사건이었다.

아담과 하와는 에덴에서 살지 못하고 추방되었다.

선악과를 먹은 그들의 영혼은 사탄의 지배 아래 놓였다. 하나님의 형상이 파괴된 아담과 하와는 죄인의 길로 들어섰다.

하나님과 동행할 수 없는 비참한 인생이 시작되었다.

선악과나무의 애가

　나는 에덴동산 중앙에 창조된 나무, 하나님께 창조의 영광을 노래했다.

　나는 금지된 나무 열매, 먹으면 반드시 죽는다는 하나님의 명령, 어느 날 미혹의 손길에 나는 무참히 짓밟혔다.

　아, 슬픔의 그날에 창조의 노래는 끊어지고 사탄의 손아귀에 쓰러졌다.

　아담의 후손들아, 어찌할까, 어찌해야 할까?

　대를 이어 하나님과 단절의 울음 이어지리라. 선악과나무는 죽음에 쓰임 받았네. 십자가 나무는 영생에 쓰임 받으리. 하나님 사랑의 빛 내리시리라.

　예수 그리스도는 영원한 생명을 주시리.

　그 약속을 믿는 자는 영원한 생명을 받으리.

비통한 아담의 고백

아담과 하와에게 방황의 길이 열렸다.
비통에 빠진 불순종의 발걸음을 걷게 되었다.
어디에서도 안식을 얻을 수 없었다.
어디에서도 평안을 누릴 수 없었다.

어쩌다 우리가 이렇게 되었지?
하와, 말 좀 해봐. 이 상황이 이해되니?
난, 난, 도저히 믿기지 않아.
아, 어찌해야 할까? 어찌해야만 할까?
쫓겨난 우리는 어디로 가야 하나.
우리의 울타리는 불안전하고 무섭고 두렵다.
이 가시넝쿨 엉겅퀴 세상에서 어떻게 살아가야 하나.

분별할 수 없는 이 세상 어디에 정착해야 하나.

그들은 하나님과 거닐던 에덴을 그리워했다.
하나님과 함께했던 행복한 시간과 하나님 사랑의 품을
그리워했다.

후손들의 아우성

죄의 값은 사망이고 죽음이다. 하나님과의 단절이다.
창조 세계도 다툼과 전쟁의 세상이 되었다.
먹고 먹히고 폭풍우는 마음을 서늘하게 할 것이다.
하나님과 사랑의 끈은 끊어지고 영혼들은 불 속으로
곤두박질친다. 악은 칡넝쿨처럼 영혼들을 칭칭 감았다.

네가 고통 중에 자식을 낳을 것이요 … 땅은 너로 인하
여 저주를 받았고 너는 평생토록 고통 중에 땅의 소산
을 먹으리라(창세기 3:16-17).

하와는 여자들에게 죽음의 고통 가운데 생명을 해산하
는 죗값을, 아담은 남자들에게 평생 고통 중에 땀을 흘려
살아가는 죗값을 물려주었다.

세상은
사탄의 불꽃 놀이터

세상은 사탄의 불꽃 놀이터이고 인간들은 아귀다툼의 왕들이다.

언어 속에 감추어진 비수는 언제 상대를 죽일지 모르는 칼날이고, 간교한 혀는 자신의 유익에 따라 굴러가는 방울뱀이다.

인간들의 죄의 본성은 자기변명과 자기합리화다.

아담은 하와에게, 하와는 뱀에게 죄를 전가했다.

남의 인생 뒷담화는 도마 위의 생선회처럼 어찌 그리 맛있는지 남의 인생을 난도질하는 수다의 얼굴들은 석양보다 붉다.

끝없는 탐욕의 눈망울들은 암흑의 동굴이다.

촘촘히 돌아가는 발걸음들의 소원은 평안이다.

2부

예수의
이름만
빼라

비상계엄을
선포하다

나 사탄은 경배받을 생각과 나의 왕국을 넓히는 작전에 몰입했다.

이겼다고 안심할 그때 폭탄 터지는 소리가 들렸다.

하나님이 인간 세상에 내려오신 것이다.

나의 종들아 이해되니?

인간이 되신 하나님이 이해되니?

나 사탄은 선악과를 먹은 아담은 죄인이 되고 그의 후손을 영원한 지옥에 처넣을 계획이었다.

그런데 하나님이 천국의 문을 여시는 그 길을 위해 인간의 몸을 입고 천국에서 이 땅으로 내려오셨다.

인간의 죄를 대속하려면 완전한 하나님과 완전한 인간

이 되어야 한다.

예수님만이 완전한 하나님이며 완전한 인간이시다.

죄를 범한 인간은 피로 죄 사함을 받아야 구원받을 수 있다.

육체의 생명은 피에 있기 때문이다.

혼을 속죄하는 것이 피이기 때문이다.

인간은 죄 사함을 받아야 할 존재이지 죄를 사할 수는 없다.

아담의 피를 받은 모든 인간은 죄인이다.

예수는 그분의 피로 인간의 죄를 사하실 목적으로 세상에 오셨다.

아, 이런 일이 일어나다니!

안심했던 나의 세계에 비상이 걸렸다.

하나님의 계획을 두고 볼 수만은 없다.

어떻게 이룬 왕국인데 절대 묵인할 수 없다.

나 사탄은 모든 수단과 방법을 동원해서 그 길을 막을 것이다.

예수 그리스도를
배반하라

하나님이신 예수는 이 땅에 창조주의 위엄으로 오셨다.

이 땅에 오신 목적은 하나님 나라를 선포하고 죄악의 사슬을 풀어 자유를 주기 위함이다.

나 사탄이 뿌린 고통과 질병, 죄악을 치료하고 죽은 자를 살리기 위해 오셨다.

사람들은 환호하고 열광했다.

"메시아, 우리의 왕이시여! 우리의 왕, 호산나!"

기다리던 그분이 우리에게 오셨다.

나 사탄은 위기를 직감하고 공격 태세에 들어갔다.

하나님을 제일 잘 섬긴다는 대제사장들을 미혹했다.

죄명은 신성모독이다.

하나님이신 예수에게 신성모독이라는 죄명을 씌웠다.

불합리가 먹혔다. 그들의 영의 눈을 가려서 진리를 볼 수 없게 했다.

그리고 돈을 제일 사랑하는 제자 가룟 유다의 마음에 은 30냥을 훅 불어 넣었다.

나 사탄은 인간들의 약점을 이용해 죄를 짓게 하는 특기가 있고 이는 나의 본성이다.

가룟 유다가 우리 편으로 넘어왔다.

예수는 모든 것을 알고 있었지만, 온 목적을 이루기 위해 때를 기다렸다.

그리고 열광하던 백성에게 미혹의 불을 던졌다.

"호산나! 다윗의 자손이여!" 하고 외치던 저들의 입에서 은혜를 원수로 갚는 엄청난 소리를 들었다.

"십자가에 못박으라. 십자가에 못박으라."

고함치는 군중은 흥분했다.

그 모습에 흥분한 나 사탄도 일어나 손뼉을 치며 저들을 더욱 충동질했다.

나를 닮아 은혜를 원수로 갚는 참으로 기발한 나의 종들이여!

예수 그리스도를
처절하게 짓밟아라

예수는 도살장에 끌려가는 양같이 침묵하셨다.

채찍으로 등허리가 터지고, 살점이 떨어지고, 난자당한 몸으로 십자가를 지셨다.

아, 정말 끔찍한 모습이었다.

나 사탄도 그 순간 간담이 서늘했지만, 더욱 눈을 부릅뜨고 "혹독하게 내리쳐. 더 세게 내리쳐!" 로마 군인들에게 소리쳤다.

채찍에 맞아 피투성이가 된 예수는 골고다 언덕에서 십자가에 높이 달리셨다.

대못 박힌 손과 발, 창에 찔린 옆구리, 피와 마지막 물을 쏟아내셨다.

가시관은 머리를 뚫고, 흘러내리는 피는 온 얼굴을 덮

고 온몸을 물들었다.

군사들 중 하나가 창으로 그분의 옆구리를 찌르니 즉시
로 거기서 피와 물이 나오더라(요한복음 19:34).

인류의 모든 죄를 담당한 예수는 하늘을 우러러 외치
셨다.

"다 이루었다!"(요한복음 19:30)

이것이 한 방울의 피도 몸에 없다는 증거이고 마지막
물을 쏟으신 골고다 십자가 사건이다.
이런 예수의 모습에 나는 쾌재를 불렀다.

사랑 때문에

사랑 때문에 주님은 육체를 입으셨다.

사랑 때문에 주님은 고난을 당하셨다.

사랑 때문에 주님은 죽임을 당하셨다.

피투성이 몸에 짊어진 십자가의 무게보다

더 무거운 주님의 고통은 인간을 사랑함이라.

그 울음을 가슴에 묻고 골고다 언덕을 오르신 예수의 사랑은 피 묻은 아버지의 아픔이다.

비방하는 군중의 저주도 독설도 그저 불쌍한 영혼들의 호소일 뿐이다. 하늘을 우러러 외치신 주님의 기도는 "저들의 죄를 사하소서, 아버지여!"

뜨거운 태양의 불꽃은 마지막을 사르며 다 이루고 운명하셨다.

예수 그리스도의 죽음과
부활을 수장시켜라

예수 그리스도께서 십자가 나무에서 운명하셨다.

우주만물 창조물들의 통곡 소리에 하늘의 해도 빛을 잃었다.

아마포 한 장에 영광의 몸 감싸여져 어두운 동굴 무덤에 피투성이 몸 누이셨다.

어둠의 추적자들 한바탕 웃어 댄다.

낄낄대며 손뼉을 친다.

인간을 죄 사슬에 엮어 영원한 지옥으로 줄줄이 끌고 간다. 드디어 나 사탄이 이겼다.

보아라, 온 우주의 창조물들아!

우주의 왕이신 그분의 처참한 모습을 똑똑히 보아라.

이제 나 사탄이 진정한 왕이다.

나의 왕국이 파괴되고 예수의 왕국이 세워질 것 같아 긴장했는데 결국 나 사탄이 이겼다.

그분은 죽었다.

임금은 바로 나 사탄이다.

축배를 들자, 나의 부하들이여!

예수의 죽음

그런데 그분의 마지막 말씀, "다 이루었다!"
무엇을 이루었다는 거지?
그분은 분명 죽었는데, 내가 이긴 것 아닌가?

그녀의 씨는 너의 머리를 상하게 할 것이요(창세기 3:15).

여자의 후손인 예수는 사탄의 머리를 깨트린 것이다.
예수의 죽음은 죄의 문을 닫는 승리의 함성이었다.
예수의 죽음은 죄의 담을 허물고 하나님과의 관계를
화평케 하는 길이 되었다.
예수의 죽음은 자녀들을 다시 찾는 구원의 신호탄이었다.

너는 그의 발꿈치를 상하게 할 것이니라(창세기 3:15).

나는 결국 발꿈치만 상하게 하였구나!

나 사탄이 패배한 것이다.

기막힌 예수의 계획에 무릎을 꿇어야 하나.

부활 승천하신
예수

밤이 맞도록 파수꾼들이 돌무덤을 지켰다.

새벽녘 번개 형상의 주의 천사가 돌무덤을 굴리고 그 위에 앉아 있었다.

파수꾼들은 두려워 죽은 자처럼 되었다.

천사가 선포하였다.

"그분은 말씀대로 살아나셨다."

예수 그리스도께서 부활하셨다.

사망 권세와 사탄의 권세를 모두 물리치고 부활의 첫 열매가 되셨다.

예수는 살아 나셨다.

약속대로 무덤에서 사흘 만에 부활하셨다.

제자들과 오백여 사람에게 부활하신 증거를 보여 주셨

다. 의심 많은 제자 도마는 예수의 못 자국 난 옆구리에 손가락을 넣어 확인하고 믿었다.

너희가 본 그대로 올 것이라고 약속하시고 승천하셨다.

너희를 떠나 하늘로 들려 올라가신 이 예수는 너희가
하늘로 가심을 본 그대로 오시리라 하더라(사도행전 1:11).

부활한 예수는 40일 후 천사들의 호위 구름에 쌓여 하나님 나라로 올라가셨다.

예수의 그 모습은 장차 성도들의 들림 받는 모습이다.

나 사탄은 그 광경에 기진맥진해 버렸다.

이대로 끝인가?

나는 절대 물러설 수 없다.

끝 날까지 인간들을 죄의 사슬에 묶어 지옥으로 끌고 가야 한다.

사탄의 특명

사탄의 종들아, 예수의 죽음과 부활이 전 세계로 확장 될 움직임이 보인다. 우리의 왕국을 다시 세울 계획을 세 우자.

예수를 믿음으로 구원받은 자들을 찾아라.

그들의 목을 칼로 베고 화형에 처하라.

사자 굴에 처넣어라.

죽음으로 몰아넣어라.

그런데 도대체 무슨 일이지.

저들을 박해하면 할수록 믿음이 더 강해지고, 생명 걸 고 저항하고, 불같이 복음을 전파하는 무리가 늘어나는 걸까?

삶을 포기하고 땅속에 살면서 그곳에서 죽고 태어나는

저들의 믿음은 무엇일까?

아, 나는 감당할 수가 없다.

우리의 작전에 무슨 문제가 있었을까?

그래서 우리는 작전을 바꾸기로 했다.

하와를 미혹한 에덴동산의 은밀한 속삭임 바로 '너 하나님과 같아져'다.

육체의 욕망에
밧줄을 걸어라

여자가 그 나무를 본즉 먹음직도 하고 보암직도 하고 지혜롭게 할 만큼 탐스럽기도 한 나무인지라 여자가 그 열매를 따먹고 자기와 함께 있는 남편에게 주매 그도 먹은지라(창세기 3:6).

뱀에게 미혹된 여자의 눈에 선악과는 먹음직하고 보암 직하고 탐스러운 열매였다.

세상에 있는 모든 것 즉 육신의 정욕과 안목의 정욕과 인생의 자랑은 아버지에게서 나지 아니하고 세상에서 나느니라(요한일서 2:16).

탐심에 영의 눈을 가려 분별도 못 하게 하자.

먹음직하고 보암직하고 탐스러운 열매를 먹은 후손들은 육체의 정욕, 안목의 정욕, 인생의 자랑에 목줄이 매여 있다.

인간들은 여기에서 벗어날 수 없다.

이미 하나님의 형상이 파괴가 된 인간은 어쩔 수 없이 이 문제 앞에 무릎 꿇을 것이다.

인간을 인질로 잡다

너희가 그것을 먹는 날에는 너희 눈이 밝아져 하나님과 같이 되어 선악을 알 줄을 하나님이 아시느니라(창세기 3:5).

나는 에덴동산에서 이 말로 하와를 미혹했다.

나 사탄이 하나님께 반역한 죄악은 하나님과 같아지고 싶은 욕망이었다.

아담과 하와에게 선악과를 따먹게 한 미혹의 속삭임도 너희도 하나님과 같아진다는 것이었다.

하나님과 같아지고 싶은 사탄의 욕망은 아담에게, 아담의 욕망은 후손들에게 전가되었다.

그 욕망은 하나님께서 정하신 모든 창조의 질서와 법

과 한도를 무너뜨리고 더 높은 곳으로 하늘 끝까지 올라
가기 원한다.

하나님과 같아지고 싶은 인간의 욕망은 사탄이 하늘에
서 하나님을 대적한 무서운 교만과 같은 것이다.

인간은 죽지 않는 하나님의 형상으로 지음받았지만, 선
악과를 먹음으로 육체는 죽음을 피할 수 없는 존재가 되
었다.

욕망에 불을 붙이자

자신을 복제한 자신을 만들자.

이 땅에서 영원히 살 수 있는 복제 인간을 만들자.

자신을 냉동해서 먼 미래에 다시 살아나는 냉동 인간을 만들자.

인간에게 동물의 장기를 이식해서 생명을 연장하자.

병든 장기는 기계로 대체해서 인간인지 기계인지 분별 못 하게 하자.

편리를 위해 로봇을 만들자.

뇌에 칩을 넣어 자유의지와 인간의 권리를 통제받게 하자.

하이브리드 키메라(동일한 생물 개체 안에 유전자형이 서로 다른 세포나 조직이 같이 존재하는 상태- 편집자 주) 인간을 만들자.

왜 그렇게까지 하냐고? 이런 아직도 나 사탄의 음모를 모르다니.

인간은 죽음을 두려워하고 이 땅에서 영원히 살고 싶어하기 때문이지.

원래 인간은 영원히 사는 존재로 창조되었다.

영원성을 가진 인간은 죄로 인해 육체는 죽음을 맞이하지만, 영은 죽음 없는 영원한 세계를 사모하지.

지금 하나님의 창조 질서를 파괴하고 이 땅에 영원한 세상을 만드는 속삭임을 들어 봐.

나는 저들의 욕망을 이용해 죽음 없는 세상을 만들 수 있다고 미혹할 것이다.

죽음 없는 세상은 예수의 십자가 사건도 부활도 죄의 심판도 천국도 지옥도 의미가 없어지기 때문이지.

욕망이 가득한 인간들의 함성이 들리지 않아?

앞으로 세상은 인간이 만든 최첨단 과학이 그들 자신을 위협하게 될 거야.

죽음 앞에서

나는 누구인가?

어디서 왔는가?

죽으면 끝인가?

다른 삶이 있는가?

인간은 죽음 앞에서는 더욱 치열하게 부딪힌다.

영정 앞에 국화 한 송이를 놓고 죽은 자의 명복을 빈다.

사후 세계는 없다고 하는 사람들도 죽음 앞에서는 사후를 말한다.

"착하게 살았으니 좋은 곳에 갔을 거야."

예수를 믿어야 죄 용서받고 천국 간다는 말은 농담으로 여기면서 죽음 앞에서는 사후에 좋은 곳에 가기를 소망한다.

하나님은 인간을 영원히 사는 존재로 만드셨다.

육체의 죽음이란 육체가 영과 혼과 잠깐 이별하는 것이다.

모든 사람은 자기 육체와 영혼이 다시 만나는 때가 온다. 결합된 인간은 영원히 죽지 않는 변화 된 형질로 심판대에 선다.

태어나서 죽을 때까지 자신이 지은 죄는 하나님의 행위 책에 낱낱이 기록되어 있다.

예수의 피로 죄 사함을 받지 않고 죽은 사람은 자기 죗값을 받아야 한다.

유황불 못에서 자기 죗값을 영원히 받아야 한다.

영원히 죽지 않는 지옥에서 받을 죄의 고통을 상상해 보라. 불못에서는 잠시도 쉼을 얻지 못한다.

한번 들어가면 영원히 고통받아야 한다.

모든 사람이 불로 소금 치듯 함을 받으리라(마가복음 9:49).

그래도 예수를 믿지 않을 것인가?

그래도 죄 사함을 받지 않을 것인가?

창조 질서를 파괴하라

탑 꼭대기를 하늘에 닿게 하여 우리 이름을 내고 온 지면에 흩어짐을 면하자 … 주께서 이르시되 이 무리가 한 족속이요 언어도 하나이므로 이 같이 시작하였으니 이 후로는 그 하고자 하는 일을 막을 수 없으리라 그들의 언어를 혼잡하게 하여 그들이 서로 알아듣지 못하게 하자 주께서 그들을 온 지면에 흩으셨으므로 그들이 그 도시를 건설하기를 그쳤더라(창세기 11:4, 6-8).

그들의 언어를 혼잡하게 해서 바벨탑을 중단시켰다.

하나님은 인간들이 자신의 이름 내는 것을 원치 않으신다.

하지만 인간들은 끊임없이 하나님을 대적하고 자기 이

름 내기를 원한다.

사탄의 본성인 교만을 위임받아 세상 끝 날까지 이어갈 것이다.

전 세계 언어의 동시통역의 시대가 열렸다.

이제 인간 세상은 각각의 체제에서 벗어나 하나의 체제로 뭉칠 것이다.

바벨탑을 쌓아 우리의 이름을 내고 흩어지지 말자는 함성이 다시 들린다.

과학이 발달하면 혼합이 일어난다.

각각과 구별과 완전한 창조의 질서를 혼합으로 뭉쳐서 다른 종을 만들어라.

유전자 조작의 무서운 재앙은 결국 인간의 내면을 뿌리째 흔들 것이다.

선과 악, 남자와 여자, 동물과 식물, 분별도 분간도 못하게 한 쌈에 싸서 먹게 만들어라.

이 음모는 마지막 끝 날을 향해 나아가고 있다.

창조 질서를 파괴하는 이유를 인간의 편리를 위해서라고 하지만 결국 파멸의 길로 달리는 것이다.

나 사탄은 인간을 미혹해 창조 질서를 파괴하는 일을 에덴에서부터 시작했다.

하나님을 대적하는 바벨탑 작업을 은밀히 진행하고 있다. 인간들은 더 좋은 삶을 원하고 편리함에 환호한다.

그 속에 은밀하게 숨어 있는 사탄의 미혹은 신경쓰지 않는다.

혼돈과 공허와 깊은 흑암에 빛을 비춘 창조 질서를 다시 혼돈과 공허와 깊은 흑암의 어두움으로 몰아넣을 것이다.

진화론,
하나님의 창조를 받아치다

이제 교육이라는 방대한 현장을 무너뜨리자.

이곳은 정말 대단한 어장이다.

코흘리개들의 마음에 우리의 전략을 불어넣으면 우리의 노예가 될 것이다.

바로 진화론이다.

인간들은 과학에 열광하지만 과학이 진리는 아니다.

과학자의 말이 성경을 뛰어넘어 칼날을 마구 휘둘러 성경을 무시해도 모두 맹종하는 꼴이라니.

조금만 생각해도 알 수 있는 이치를, 왜 자신들의 조상을 원숭이로 결론짓는 걸까?

한 치도 물러서지 않는 인간들을 보면 기특하고 반갑다. 하지만 인간의 미련한 것을 보면 안타깝고 불쌍하기도 하다.

나 사탄의 속임과 거짓이 엄청난 파장을 일으킬 것이다. 나의 거짓에 속아 창조 질서를 파괴한 공을 치하한다.

콩 심으면 콩, 사과 심으면 사과, 개는 개, 닭은 닭인데 원숭이는 인간이라니?

원숭이만 진화해서 인간이 된 것인가?

원숭이와 인간이 닮아서 원숭이가 당첨된 것인가?

인간의 존재 자체를 평가 절하해서 사람됨을 부인하는 비논리를 학교에서 버젓이 목청을 높여 외친다.

민망하고 어이없는 논리, 비상식적인 허구에 나 사탄도 헛웃음이 난다.

진화론,
하나님을 부인하게 하다

우주와 자연, 그 어디를 둘러봐도 불완전한 모습을 가진 중간 형태는 없고 모두 완벽한 모습을 지니고 있다.

자연은 각각 그 종류대로 모양대로 쓰임에 합당하게 완벽하게 하나님에 의해 창조되었다.

진화론이 주장하는 중간 단계의 불완전한 모습이 존재하지 않음을 동식물계는 보여 준다.

진화되는 중간 단계는 없다. 즉 진화론의 허구를 자연이 증명한다는 것이다.

하나님은 오직 인간만을 위해 완벽한 자연을 창조하셨다.

그 은혜에 감사하고 하나님께 영광을 돌리면 행복할 인간 세계를 나 사탄이 멸망에 빠트리고 있다.

인간들이 진화론이 허구인 것을 깨닫지 못하게 하라.

인간들이 방임 상태의 죄악 속에 살다가 영원한 지옥에 떨어지게 하는 것이 나 사탄의 작전이다.

나 사탄은 인간들을 멸망시킬 최후 결전의 날을 준비하고 있다.

사탄의
불편한 마음

요즈음 나 사탄의 심기가 살짝 불편하다.

위기가 올 것 같은 이 불길한 느낌은 무엇일까?

세포를 연구한 과학자들이 인간의 세포 구성은 설계에 의해서만 가능하다는 결론을 냈다.

처음부터 인간의 세포는 인간으로서의 특별한 구성으로 설계되었다는 것이다.

또한 우주도 세밀하게 균형을 이루도록 설계되었다는 것이다.

이 소리를 듣고 나 사탄의 마음이 쿵 하고 떨어지는 것 같다.

왜냐하면 설계자 하나님을 인정해야 하기 때문이다.

쉿, 인간들에게는 비밀이지만 우주만물의 설계자인 하

나님께서 모든 피조물을 각각 만드셨잖아.

그동안 진화론은 모든 영역의 첫 단추를 역주행으로 꿰고 인간들의 뇌를 굳게 하였다.

인간들은 하나님의 창조 질서를 토막 내고 쓰나미로 밀어 버리고 뒤흔들면서 환호한다.

한데 우리의 거짓이 탄로 날 연구가 진행 중이라는 뉴스를 접하였다.

물론 지금은 미미하다. 연구하면 진화론이 거짓이라는 결론은 나겠지만 과학자들도 자기 밥줄이 연결되어 있으니 눈 감을 것이다.

진화론이 정면으로 하나님의 창조 질서를 받아친 것이다.

인간은 하나님을
두려워하지 않는다

인간은 하나님을 두려워하지 않는다.

인간들이 나 사탄을 닮아서 그렇다고, 내가 인간을 그렇게 만들었다고?

호주의 생물학자이자 의사인 마이클 덴턴(Michael Denton)은 진화론에 대한 아찔한 논문을 발표했다.

진화론은 하나님과 인간의 관계를 끊었고 인간을 목적 없는 우주의 방랑자로 만들었다.

코넬대학 윌리엄 프로빈(William Provine) 교수는 진화론이 인간 사회에 미치는 영향은 하나님을 옹호할 증거를 소멸한 것이라고 했다.

사후의 생명은 존재하지 않는다.

인간에게 구원의 기회를 박탈하였다.

옳고 그름의 절대적 기반이 없고 삶의 궁극적 의미를 빼앗았다.

진정한 자유가 무엇인지 모르도록 만들었다.

사탄의 그물망에
걸려든 과학자들

과학자들은 끊임없이 '왜?'라는 질문을 한다.

상상력이 풍부하고 원인을 궁금해하는 탐구력이 높은 자들이다.

과학을 잘 다스리면 창조의 근본, 즉 하나님이 창조한 것을 통해 인간의 편리와 가치를 높이는 데 활용할 수 있다. 대부분의 과학자는 여기에 해당한다.

하지만 일부 과학자는 하나님 창조의 근본을 흔들고 하나님 이름 대신 자기 이름을 높이기 원한다.

나는 슬쩍 저들의 욕망을 이용할 것이다.

이제 과학을 이용해 마지막 힘을 올릴 것이다.

그들의 욕구와 욕망 속에 하나님을 대적하는 현란한 이론을 집어넣을 것이다.

이들은 자기의 이론에 스스로 얽혀 서로가 불신하는 이론을 내놓고 있다.

진화론은 믿음이지 과학이 아니다.

하지만 다윈도 죽기 직전에 진화하는 단계적 고리를 제시하지 못한 진화론은 치명적이라고 말했다.

과학자들도 생명의 기원을 증명하지 못했다.

인간이 하나님 말씀을 거짓이라고 증명하는 그 자체가 얼마나 무섭고 무지한 것인가.

인간들은 나 사탄의 거짓에 도장이 찍혀 자기 행위에 대해 전혀 두려움을 느끼지 못한다.

세상은 가짜가 진짜를 죽이고 진짜 행세를 하는 전쟁 터다.

하나님의 자리를 탐낸 교만에서 시작된 나 사탄의 일은 아담을 통해 인간들에게 전염된 비극이다.

내가 점찍는 과학자들은 노벨상을 탄 석학들과 유망주들이다. 이 정도는 되어야 전 세계 사람들이 열광하고 그들의 말을 신뢰할 것이다.

내 눈에 띄는 과학자들은 조심하길 바란다.

굿판의
가상 세계

나 사탄은 상상을 초월하는 굿판의 가상 세계를 슬쩍 인간 세상에 던져 놓았다.

인간들은 만들어진 가상 세계를 실현 불가능한 하나의 흥밋거리로 생각하고 그 안에서 스릴과 공포를 느낀다.

나는 이런 가상 세계를 현실의 세계로 만들어 간다.

지금까지는 인간의 편리와 건강과 안전을 위한 것이라고 안심시키고 만족을 주었다.

인간들은 그 매력에 빠져 더더욱 만족을 주는 것을 원하며 하늘에 도달하는 꿈을 꾼다.

나 사탄은 은밀히 인간들을 볼모 삼아 사탄의 지혜를 불어 넣어 굿판의 가상 세계를 현실로 만들어 하나님의 창조 질서를 무너뜨리고 있다.

하나님과 같아지고 싶었던 두 집단, 사탄과 인간의 합작품은 이제 서서히 인간 세상을 충격으로 몰아넣을 것이며 인간들은 삶 자체가 공포가 되는 세상을 만날 것이다.

서서히 나의 실체를 세상에 드러내지만, 인간들은 나의 존재 자체를 부인한다.

바다에서 그물로 펄떡이는 물고기를 끌어 올리듯 인간 세상을 끌어 올리리라.

하나님의
영광을 훔치다

영광은 주인의 것이다.

인간을 통해 영광받아야 할 분은 이 세상을 만드신 하나님뿐이시다.

인간이 살아갈 모든 자연과 법칙은 하나님이 만드신 선물이다. 이 모든 혜택을 누리고, 먹고살고, 대를 잇는 인간은 은혜와 영광을 하나님께 돌려야 마땅하다.

이 세상을 완벽한 지혜로 창조한 하나님은 예술가이며 천상의 왕이시다.

그분은 화려한 금실, 은실, 채색 물감으로 창조 세계를 수놓았다.

과일, 채소, 산과 바다, 강, 숲, 천지에 총천연색 물감을 뿌리셨다.

하지만 예수를 믿는 소수의 무리만 하나님께 영광을 돌린다.

나 사탄은 예술의 모든 영역에 교묘하게 숨어들어 하나님의 영광을 훔쳤다.

영상, 영화, 음악, 미술, 춤, 문학 등 화려한 문화를 통해 경배와 영광을 받고 있다.

악하고 거짓된 포장으로 인간들을 미혹한다.

스크린을 통한 미혹은 실로 대단하다.

미혹된 마음을 통해 장면 장면으로 영혼을 마비시킨다.

작가들의 손끝에서 빚어지는 자극과 스릴 넘치는 글솜씨에 병드는 사회다.

말초 신경을 자극하는 쾌락과 음모, 비이성주의 흥밋거리는 독을 먹는 것이지만, 인간들은 그 독이 온몸에 퍼져 자기 영혼을 죽이는 것조차 모르고 더 자극적인 것을 찾아 헤맨다.

인간들은 그 독에 취해 길을 잃고 결국은 사탄의 손아귀에서 지옥으로 향할 것이다.

영화, 드라마, 음악 속에서 교묘히 움직이는 사탄 숭배와 허무주의, 쾌락주의에 마취된 세상에 나 사탄은 말할 수 없는 희열과 보람을 느낀다.

저들을 통째로 삼킬 것이다.

평생 나의 정체를 모르고 살아라.

모든 영역에서 나 사탄을 찬양하고 경배하는 인간들의 피나는 헌신 앞에 하나님 영광의 찬탈자는 숨어서 기쁨의 손뼉을 치며 회심의 미소를 짓는다.

감사를 모르는
뻔뻔함

인간은 하늘을 꿈꾸며 산다.

자기를 드러내는 교만한 머리는 꼿꼿한 뱀의 머리와 같다.

하나님과 같아지고 싶은 욕망은 에덴동산의 미혹에서 시작되었다.

나 사탄이 감사했다면 이런 처참한 꼴은 되지 않았을 것이다. 최상의 아름다움과 지혜를 감사하지 못한 나의 교만은 하나님을 대적하고 반항한 결과다.

그 은혜를 당연히 찬양하고, 그 은혜를 당연히 감사해야 했다.

나는 이 세상이 끝나는 예수 재림 때 저 지옥의 불구덩이에 산 채로 던져질 것이다.

나에게 미혹된 인간들도 하나님께 감사하지 못하고 하나님을 인정하지 않는다.

자기 뜻대로 되지 않으면 하나님을 원망하고 하늘에 삿대질한다.

인간이 해야 할 마땅한 도리는 자신을 만들고 자연을 만드신 분께 감사하는 것이다.

그런데 부모에게도, 주변 사람들에게도 감사보다는 원망과 불평이 많다.

은혜를 원수로 갚는 행태는 나 사탄이 인간의 의식에 박은 선물이다.

하나님을 잃어버린 인간 사회는 고통과 전쟁, 양육강식의 처절한 싸움판이 되었다.

인간도 결국 나와 같은 길을 가야 하는 인생으로 전락하였다.

인간이 감사함을 모르는 뻔뻔함은 나 사탄의 작품이다.

세상 경기장

세상은 인간들의 경기장이다. 이곳에서 각종 경기가 펼쳐진다. 생명, 건강, 꿈, 비전, 행복, 교육, 환경, 욕망, 욕구, 자아실현 등.

이 세상은 어떻게 변할까?

인간의 욕망은 한계가 있을까?

나 사탄은 에덴의 아름다운 동산을 파괴한 범죄자다.

인간은 자기 동산을 만들기 위한 전쟁 같은 날들을 살아가고 있다.

특히 지식인들은 자기 동산도 책임지지만 다른 동산도 책임져야 한다.

파괴된 동산은 한계가 있기 때문이다.

새로운 것을 만들지 못하면 의식주를 해결하는데 제한

을 받기 때문이다.

이것이 파괴된 동산의 고단한 삶이다.

그러니 지식인들은 얼마나 고단하겠는가!

이런 삶을 제공한 나 사탄은 인간들의 아비지만, 인간들에게는 손해만 끼치니 미안한 마음도 든다.

유전은 무서운 것이다.

나를 닮은 인간들은 끊임없이 자기 이름 높이기를 좋아한다.

바벨탑을 쌓아 하늘에 도달하려 한다.

우리의 이름을 내고 흩어지지 말자.

쫓겨난 후손들은 똘똘 뭉쳐 하늘에 소리지른다.

그 소리는 세상 끝 날까지 이어질 것이다.

나는 지식인들의 귀에 가만히 속삭인다.

'세상 꼭대기에 너의 이름을 펄럭이게 해줄게. 너의 이름을 들은 세상은 환호하고 열광할 거야. 하나님의 영광을 네가 대신 받는 거야.'

세상은 왕위 싸움터다.

가슴에는 시기, 미움, 질투, 이간질의 칼을 품고 그들의 입은 저주와 쓴 독이 가득하다.

목구멍은 열린 무덤이고, 혀로는 속이고, 입술 밑에는

독사의 독이 가득하고, 발은 피 흘리는 데 빠르다.

파멸과 고통의 길을 질주하며 원망과 원통함과 분함을 심장 깊숙이 숨기고 화평의 길을 열지 못하는 인간들은 하나님을 두려워하지 않는다.

하나님을 두려워하지 않는 인간들은 도마 위에서 창조 질서를 칼질한다.

손놀림은 빠르고 정교하고 찬란한 춤을 춘다.

하나님의 영광을 자기 이름으로 받고 욕망에 춤추는 자들이다.

얼굴에 분칠한 환한 미소는 세상을 위함이다. 더 좋은 것을 만들기 위함이다.

창조 질서를 깨는 갖가지 화려한 포장의 선물은 세상을 망치는 선물이다.

인간 욕망의 깊이는 어디일까?

컴컴하고 어두워 분별도 분간도 못 하는 끝없는 무저갱이다.

죽음으로만 끝이 날 것이다.

그 끝에서 너희를 기다릴 것이다.

다음 세대를 붙잡아라

즉흥적 사고와 자기 이익에 밝고 남의 일에 관심이 적은 집단, 이들에게 스마트폰은 분신이자 생명줄이다.

저들의 무기는 인공지능, 빅 데이터, 로봇, 드론, 메타버스, 쳇 GPT다.

현재와 단절된 세상을 꿈꾸는 자들이다.

대화도 공유도 감정도 저들은 싫어한다.

자신을 표현하는 데 주저함이 없고 한없이 자유롭다.

나 사탄은 저들의 스마트폰 안에 상상할 수 없는 미혹의 게임, 음악, 성적인 음란물, 폭력, 살인, 특히 영혼을 죽이는 각종 영상물, 가상 세계와 현실 세계의 착각과 권위에 도전하는 반항 의식을 은밀히 심어 놓았다.

그래서 저들의 영혼과 육체를 병들게 하고 하나님을

대적하는 수단으로 쓰고 있다.

나 사탄은 쉬지 않고 악의 페달을 밟는다.

끝 날까지 저들의 목줄을 잡고 놓지 않을 것이다.

앞으로는 상상할 수도 없는 무기가 나올 것이다.

하와의 후손들 손에
깃발을

가정의 울타리를 훌쩍 넘어 하와의 후손들을 흔들어 깨웠다. 너무너무 효과적이다.

남편에게 순종하고 자식을 낳고 가정의 울타리 안에서의 삶은 능력 없는 여성들의 구시대적 행위다.

거센 파도가 가정의 문빗장을 열어젖히고 밀려들고 있다.

자기 이름과 자기 권리를 더 귀하게 여겨라.

현모양처는 능력 없는 여자들의 자기방어다.

희생, 섬김, 봉사는 종잇장처럼 구겨 아궁이에 집어 던져라.

결혼, 자녀, 남편, 가정에서 해방되어라.

여성의 인권을 찾아라.

결혼의 속박에서 벗어나라.

자기 인생을 즐겨라.

순결은 자기를 속박하는 거추장스러운 묵은 해법이다.

여성의 권위와 성평등을 위해 당당히 맞서라.

나 사탄이 창조 질서를 뒤죽박죽 만들어 저들도 어떻게 사는 것이 바른 것인지도 모른다.

자기 권리만 주장하게 해서 서로에게 고통이 되게 하였다.

말 못 할 응어리가 가슴에 맺혔다.

가정이 무너지지 않아 속 썩었는데 드디어 빛을 보게 되었다.

내 인생의
주인은 나

권위를 무너뜨려라.

하나님의 절대 권위, 부모, 스승, 윗사람의 권위를 다 무너뜨리고 인정하지 마라.

자기 권위만 소중하게 여겨라.

인간들이 환호하는 소리가 들린다.

모든 것에서 자유이고 해방이다.

자기 자신이 가장 소중하다.

자기 자신을 사랑해야 한다.

모든 것의 결정권자는 바로 나 자신이다.

인간의 마음에서
죄의식을 삭제하라

죄의식이 없는 세상을 만들어라.

죄에는 책임이 따르고 값을 지불해야 한다.

죄의식이 있으면 회개하고 예수를 믿기 때문이다.

죄라는 인식을 깡그리 삭제하라.

죄의 값은 사망이고 심판과 연결된다는 사실을 숨겨라.

인간은 본성이 죄인이기 때문에 죄인이라는 말에 격한 반응을 보인다. 죄가 없는데 예수가 필요하겠는가?

"인간은 죄인이다. 예수의 피로 죄 사함을 받아야 한다." 이 말씀을 무너뜨려야 한다.

창조 질서 파괴는 눈치채지 못하게 은밀히 행하는 것이다.

악하고 음란한
세상을 만들자

연일 쏟아지는 악행의 소식이 활화산처럼 타오른다.

부모와 자식이, 부부가, 형제가 서로를 죽이고 이유 없는 칼부림과 아버지가 딸을 성폭행하고 청소년들은 성매매로 내몰아라.

모든 양심이 마비된 상상할 수 없는 악마의 탈을 쓴 인간들이 온 세상에서 지옥의 춤을 추게 하라.

우울증, 공황장애, 조울증, 밤새 추는 광란의 춤, 마약, 알코올 중독으로 인간들은 병들게 하라.

스마트폰 중독, 충동성 게임, 음란물, 폭음과 폭식, 돈이 최고인 세상이 되게 하라.

현실과 가상 세계를 분별 못 하고 세상을, 사람 죽이는 것을 게임 즐기듯 희열을 느끼는 인간 세상을 만들자.

창조 질서의
역주행

하나님께서 자신의 형상대로 그를 창조하셨으며 그들을 남자와 여자로 창조하셨다(창세기 1:27).

동성애는 하나님이 만드신 가정 제도를 뿌리째 흔드는 반란의 역사다.

하나님께서 그들을 수치스러운 욕정에 내버려두셨으니 심지어 그들의 여자들까지도 본래대로 쓰는 것에서 본성을 거역하는 것으로 바꾸었음이라 마찬가지로 남자들도 여자들을 본래대로 쓰는 것에서 벗어나 서로 음욕이 불일 듯하니 남자들이 남자들과 더불어 부끄러운 일을 행하여 그들의 그릇됨에 상당한 보응을 자기 자신들에게 받았느니라(로마서 1:26-27).

나 사탄은 인간의 의식에 스르르 기어들어가 날름거리면 속삭인다.

우리는 사랑하는 사이입니다.

남자가 남자를, 여자가 여자를 사랑하다니 이건 또 무슨 일이지?

자존심 있는 인간들이 행할 수 있을까? 나 사탄도 고민 좀 했지.

생각만 해도 더럽고 역겹고 추하고 음란한 것을 인간들이 할 수 있을까?

나 사탄은 괜한 걱정을 했다

동성애는 하나님의 창조 질서 중에 제일 근본이 되는 최초의 가정 제도를 가위로 싹둑 자르는 엄청난 범죄다.

동성애자들을 보라.

벌거벗은 몸에 무지개 휘장을 덮어쓰고 나라를 구한 용사들처럼 축제의 춤을 춘다.

육체의 쾌락과 음욕에 사로잡혀 창조 질서를 부인한다.

예수가 태어난 이스라엘에서 제일 크고 화려한 축제를 하고, 교황도 동성 커플을 축복하는 이 시대를 위해 축배를 들자.

하나님은 동성애가 만연한 소돔과 고모라 성을 불과 유황으로 쓸어 버리셨다.

인간이 하나님의 질서에 역주행하면 개인과 국가가 그 대가를 받을 수밖에 없다.

동성애는 창조 질서를 역주행하는 범죄다.

사탄의 아지트를
방문하다

그분의 보이지 아니하는 것들 곧 그분의 영원하신 권능과 신격은 세상의 창조 이후로 분명히 보이며 만들어진 것들을 통해 깨달아 알 수 있나니 그러므로 그들이 변명할 수 없느니라 썩지 아니하는 하나님의 영광을 썩을 사람이나 새나 네 발 달린 짐승이나 기어다니는 것들과 같은 형상으로 바꾸었느니라(로마서 1:20, 23).

그들이 하나님을 알되 그분을 하나님으로 영화롭게 하지도 아니하고 감사하지도 아니하며 오히려 자기들의 상상 속에서 허망해지고 또 그들의 어리석은 마음이 어두워졌나니(로마서 1:21).

인간은 자신들이 만든 형상과 돌, 나무, 자연을 숭배한다. 하나님의 영광을 우상으로 바꾸어 섬긴다.

하나님의 영광을 썩어질 것과 바꾸어 절하고 복을 비는 무지한 인생들이 자신들은 지혜롭고 똑똑하다고 떠들고 있다.

나는 저들의 미련함과 어리석음에 박수를 보낸다.

세상에 예수 이름 없는 종교는 나 사탄의 아지트다.

그 유명한 성철이라는 승려는 초인적인 극기의 삶을 살았다.

하지만 임종 직전에 처절한 후회를 했다.

그의 마지막 유언을 너희들도 들었지?

"내 평생의 도는 아무것도 아니다. 진리가 아닌 것을 진리라고 속인 죄가 너무 커 나는 지옥에 떨어진다. 우리에게는 구원이 없다. 죗값을 해결할 자가 없기 때문이다. 내 인생을 잘못 선택했다. 불교는 무다. 나는 지옥에 떨어진다."

많은 영혼을 지옥으로 인도한 것에 대한 후회가 담긴 유언이었다.

나 사탄도 잠시 공감하고 숙연해졌지만, 더 많은 사람을 미혹해 지옥 보내는 것이 나 사탄의 목표.

하나님께 도달하는 방법은 예수 믿는 길밖에 없다.

예수는 죽음으로, 그 피로 죄를 사하셨기 때문이다.

어떤 종교도 죄 사할 능력과 자격이 없다.

나 사탄은 예수 믿는 길을 끝까지 막을 것이다.

쇠사슬로 묶어
종으로 삼아라

끊임없는 불안과 염려와 공포 속에 사는 인간에게는 평안이 없다.

그때에 너희는 이 세상의 풍조를 따르고 공중의 권세
잡은 자를 따랐으니 곧 지금 불순종의 아들들 가운데
역사하는 영이라(에베소서 2:2).

예수를 믿지 않는 인간은 사탄 권세의 지배 아래 있는 나의 자녀들이다.
굿이란 사탄과 악한 영들을 달래는 놀이판이다.
우리는 악하고 음흉하고 더럽다.
우리는 살인자이며 거짓의 아비다.

애초에 인간이 잘되는 꼴을 볼 수 없었고 에덴동산에서 인간을 속여 죄를 짓게 했다.

지금도 공중의 권세 잡은 자로서 인간들을 두려움과 공포에 떨게 한다.

우리를 섬기지 않으면 화가 불같이 치밀어 오른다.

인간은 사람이 죽으면 그 혼이 귀신이 되어 떠돌아다닌다고 믿는다.

귀신이 된 혼들을 달래 주어야 후손들을 괴롭히지 못한다고 속삭인다.

이방인이 제사하는 것은 귀신에게 하는 것이요 하나님께 제사하는 것이 아니니 나는 너희가 귀신과 교제하는 자가 되기를 원하지 아니하노라(고린도전서 10:20).

인간은 죽으면 천국과 지옥으로 판가름 나기 때문에 혼들이 떠돌아다니지 못한다.

결국 제사는 귀신들에게 하는 것이다.

그래서 예수 믿는 자들은 제사 지내지 않는다.

사탄과 악한 영들(타락한 천사)인 우리는 달래는 굿판을 벌이면 좀 조용하지만, 관심을 주지 않으면 또다시 집안을 풍비박산 낸다.

그래서 굿하는 집은 굿으로 망할 수밖에 없다.

저들은 나 사탄의 사슬에 묶여 있다.

이사도 손 없는 날에 한다.

부적으로 액운을 피하길 원한다.

자기 삶을 점치는 자의 말에 따라 결정한다.

점치는 자들은 악한 영들이 지절거리고 속살거리는 말을 듣는다.

이미 사탄의 지배에 놓인 자들이다.

지위의 높음과 낮음을 막론하고 두려움에서 벌벌 떠는 인생들을 보라.

나의 종들을 보라.

나 사탄은 속임과 거짓의 아비다.

날마다 집어삼킬 자를 찾아 우는 사자같이 헤맨다.

인간은 예수의 피로 죄 사함을 받아야 구원받는다.

하지만 인간은 하나님 말씀을 농담으로 여긴다.

부적을 써 붙여라.

굿으로 액운을 땜하라.

점쟁이들 엄포에는 허리 굽혀 벌벌 떠는 인생들을 보라. 나 사탄의 거짓말에 잠식당한 인간 세상을 보라.

예수 이름만 빼라

앞으로 세상은 예수 이름 빼는 전쟁터가 될 것이다.

슬프도다 슬프도다 세마포와 자주색과 주홍색으로 옷 입고 금과 보석과 진주로 단장한 큰 도성이여(요한계시록 18:16).

부하들아, 정신을 바짝 차려라.

최초의 죄를 뿌린 에덴동산의 그 간교한 언어들과 속 임을 최대한 활용하자.

바벨론 이름 아래 모으자.

음행의 포도주에 세상 임금들과 종교 모두를 취하게 하자.

슬로건은 '우리는 하나다. 우리는 하나다'.

자주색, 붉은색 옷을 입혀라.

금과 진주와 보석으로 꾸미게 하라.

손에 금잔을 들게 하라.

가증한 물건과 음행의 더러움으로 가득 채워라.

종교를 하나로 통합시켜라.

평화, 정의, 사랑의 우산 아래 모이게 하라.

세계 종교를 하나로 통합하라.

단 예수 이름 없는 평화와 정의, 사랑이다.

영혼 구원의 십자가 사랑은 인간 사랑으로 대체한다.

자기 행위로 구원받는다고 속삭여라.

자신의 고행, 선행, 섬김, 봉사, 사랑, 구제 그 자체가 종교성이다.

모든 종교가 추구하는 낱말들이다.

모든 종교를 하나로 통합하는데 이보다 더 좋은 말은 없지 않은가.

외쳐라, 나 사탄의 종들아!

구원의 길은 예수 외에도 각각 종교의 방법으로 구원받는다고 예수의 죽음을 수장시켜라.

예수 이름만 빼라.

나 사탄의 전쟁은 세상에서 예수 이름을 빼는 전쟁이다.

에덴의 선악과 사건으로 사탄의 자녀된 인간들을 예수가 죽음과 부활로 다시 살렸다.

예수는 희생 제물이 되었다. 지옥 갈 영혼들의 구원의 길이 되었다.

나 사탄은 예수 믿고 천국 가는 길을 막아야 한다.

나의 부하들아, 정신을 바짝 차려라.

지금 세상에서는 종교 통합이 이루어지고 있다

우리는 하나다. 모든 종교는 하나다.

죗값을 치른 예수 이름만 빼자.

죗값을 치른 예수를 빼자.

사탄의
교회 탐방기

오늘은 예배당에 슬쩍 들어가 예배 시간을 훔쳤다.

역시 휴대전화를 손에서 놓지 못하더군.

어제 마신 술이 깨지 않았구나.

다음 주에 주식은 오를까?

아, 피곤하다. 설교는 왜 이리 긴 거야.

설교자의 입술도 바짝 마른다.

오늘도 웃겨야 하는데, 저들의 귀를 즐겁게 해야 하는데…

이러다 인기 떨어지면 어떡하지.

내가 설교하는 내용이 무엇인지 나도 모르겠다.

너무 바빠서 기도와 설교 준비는 엄두도 낼 수 없다.

대충 다른 목사들의 설교를 줄줄 읽으니 도대체 무슨

말인지 모르겠다.

설교의 중압감에서 벗어나고 싶다.

죄, 구원, 심판, 천국, 지옥에 대한 설교는 하지 말자.

하지만 이것이 교회의 본질이자 사명 아닌가?

설교에서 죄, 구원, 심판, 재림, 천국, 지옥에 대해 듣지 못하면 어디에서 들어야 하는가.

교회에서 이 말씀을 전하지 않고 듣지 못하면 이 영혼들은 어떻게 되는가.

그 책임은 누구한테 있는가.

요즘 교인들은 듣고 싶은 말만 듣기 원한다.

세상에서 받은 상처와 스트레스가 확 풀리는 설교를 해주기 원한다.

자기를 위해 존재하고 자기를 위해 대기하고 복 주는 하나님을 원한다.

그들의 귀를 즐겁게, 마음을 평안하게, 행복하게 해주어야 한다.

조금만 마음에 들지 않으면 바람같이 사라지니 어쩔 도리가 없다.

설교 내용도 저들의 입맛에 맞게 양념하다 보니 이 지경이 되었다.

하나님 지상명령은 복음이 아닌 자기의 축복, 성공, 안위가 되어 버렸다.

그래, 잘한다. 가라지들아! 바로 이것이다.

앞으로 나 사탄은 성경은 하나님 말씀이 아니라고 불신하게 할 것이다.

아니지 아니야

예배당에 앉아 있다고?

직분이 있다고?

대대로 믿음의 가정이라고?

헌금과 봉사를 많이 하면 구원받는다고?

아니지 아니야!

자기 성찰과 거룩에 빠져 날마다 자기만 바라보게 만들어라.

남들에게 성인이라고 칭송받게 만들어라.

자기 행위가 완전하다고 인정받으면 우쭐할 것이고, 인정받지 못하면 죄책감에 빠질 것이다.

자기 행위에 만족하면 천국이 보일 것이고 부족하면 지옥이 보일 것이다.

예수를 믿는다. 하지만 천국은 못 간다?

왜? 죄인이기 때문이다. 이런 엉터리 고백이 교회의 현실이다.

죽음을 앞두고 자기 구원에 대한 불안으로 공포에 떠는 직분자들을 보라.

약속의 말씀을 믿지 않고 체험과 눈에 보이는 현상을 믿음으로 믿다가 신기루처럼 사라지는 허무에 빠지는 종교인들을 무더기로 낚아채라.

행위 구원의 그물을
더 촘촘하게 펼쳐라

죄 사함의 감격, 구원받은 기쁨, 천국의 소망을 싹 쓸어 버려라.

예수 이름을 증언하는 담대한 믿음을 제거하라.

선한 행위로 믿음을 완성해야 구원받는다고 속삭여라.

선한 행위를 믿음에 끼워 구원받는 행렬에 줄을 세워라.

고행하는 종교인들을 만들어라.

인간 행위의 우산 아래 모든 종교를 가두어라.

자칭 예수쟁이들도 엮어 대열에 세워라.

그래, 잘한다.

나 사탄은 이글거리는 눈으로 삼킬 자들을 찾아 울부짖는다.

예수쟁이들을
절망시켜라

오직 예수의 피로만 죄 사함을 받을 수 있다는 사실만 삭제하라. 예수 이름으로 구원받을 수 있다는 것을 약탈하라. 선한 행위가 있어야 천국을 소유한다고 속삭여라.

예수의 피를, 예수의 이름을 완전히 없애라.

나 사탄의 그물망에 확실히 들어온 종교인들아!

나 사탄의 자식들은 눈 뜨고 볼 수 없는 악행을 저질러도 아비를 닮아 양심도 마비되고 죄의식도 느끼지 않는다. 오히려 예수쟁이들에게 호령한다. 전도하지 못하게 끝까지 물고 늘어져라. 정죄 의식을 마구 불어 넣어라. 나 사탄이 누구인가? 작은 틈새만 보여도 미끄러운 몸통으로 기어들어가 혀를 날름거리며 속삭인다.

나는 지옥에서 너희를 영접할 것이다.

영권을 잃은 교회

무당 찾아가서 점보고 부적을 품고 교회에 나간다니, 밤새워 클럽에서 술 마시고 춤추고 온갖 비리를 저지르면서 교회에 나간다니, 자칭 그리스도인이라고 하는 이들은 브라운관에서도 거침이 없다.

신앙의 가치관이 와르르 무너져 세상 가치관이 교회를 덮는다. 철야 기도와 전하던 예수 이름에 나 사탄은 활동 제한을 받았었다.

나 사탄은 예수 이름의 권세 앞에는 꼼짝할 수 없기 때문이다. 하지만 이제는 그 자리들을 나의 부하들이 진 치고 내 이름을 높이고 있다.

나를 위로하는 하나님!

나를 축복하는 하나님!

나의 상처를 치유하는 하나님!

나의 필요만 채우는 하나님!

자칭 성도라는 무리, 하나님을 뚜껑 여닫으면서 복 주는 우상으로 품고 있다.

나 사탄은 오늘도 흡족하고 만족한 기쁨으로 저들을 축복한다. 저들은 하나님의 영광을 찬양하는가, 자신을 위로하는 찬양을 하는가?

의식적으로 예배만 참석하고 밀물과 썰물이 교차하듯이 안녕, 굿바이가 교차하는 일회성 교인들.

진정 크게 뉘우쳐야 할 말씀에도 깔깔거리는 예배.

삶에 대한 진정한 물음과 고민과 고통이 심정지 된 마음.

기도는 오직 자기 안위와 행복과 물질과 성공뿐이다.

하나님의 뜻과 그분의 마음에는 관심도 없다.

성경 읽는 것도, 기도하는 것도 관심이 없는 허수아비 빈껍데기 같은 신자들이 교회마다 넘쳐난다.

나의 악한 종들아, 곡식밭에 가라지를 덧뿌려라.

곡식들이 자라지 못하게 교회가 스스로 무너지게 만들어라.

지옥의 춤을 추는
가면무도회

나의 부하 악한 영들아, 우리가 다니는 곳마다 가장한 성령의 은사자들이 거짓의 영으로 자칭 성도들에게 속삭인다. 저들을 미혹하는 모습이 흐뭇하지 않은가?

"성령의 불을 받아라."

이 한마디에 쓰러지고, 뒹굴고, 개처럼 짖고, 거품을 물고 뒤로 넘어지고, 벌벌 떨고, 기어다니고, 실신하고, 울고, 토하고, 웃고, 허우적거리는 모습들이 참으로 처참하고 웃음이 난다.

금이빨을 만드는 자칭 성령의 역사는 유행이 지났나? 지금은 좀 조용하지? 그 장면들도 보는 재미가 쏠쏠했는데….

성령의 은사 집회라고 부르는 저들의 광란의 쇼는 가

면무도회장이며 지옥의 춤사위다.

나와 종들이 저들과 뒤엉켜 연출하는 지옥을 세상에 보여 주는 시간이다.

술과 마약에 취하고 밴드 음악에 취해 이성을 잃고 밤새 뒤엉켜 세상을 즐기는 인간 세상의 현장도 거짓 성령의 은사 현장보다는 좀 약한 것 같다.

술과 마약보다 더 강하게 이성을 잃게 만드는 특효약이 거짓 성령의 은사다.

그 몹쓸 짓을 하면서도 거룩한 춤이라고 이름을 붙인다. 성령께서 자신들을 만나주시는 시간이라고 통곡하고 거품을 물고 뒤로 넘어진다.

자기 영혼을, 자유의지를 사탄의 대리자들과 거짓된 자들에게 맡기는 무리에게, 성령의 만지심과 임재를 사모하는 무리에게, 울부짖고 기도하는 무리에게 가만히 다가가 "나는 너를 사랑한다"고 속삭이면 여지없이 성령께서 자기를 만지고 사랑하신다고 뒹굴고 쓰러져 통곡한다.

이런 모습을 목도하는 나 사탄이 오히려 난감할 지경이다.

저들은 뒤에서 너희를 이용한 대가의 돈다발을 흔들면서 비웃음의 춤을 출 것이다.

3부

빛으로 오신
예수

공간

인간의 마음에는 공간이 있다.

그 공간은 하나님이 계셨던 곳이다.

선악과 사건으로 그 공간이 하나님과 끊어졌다.

하나님과 통신이 끊어진 죽은 공간이 되었다.

두려움이 자리 잡은 공간이 되었다.

그래서 인생은 허무와 슬픔을 노래한다.

그래서 인생은 사랑에 목이 메 울부짖는다.

그래서 인생은 먹어도 마셔도 배고프고 목마르다.

그래서 인생은 스스로 해결하고 살아가야만 한다.

그래서 인생은 기쁨과 평안을 상실하고 말았다.

예수 믿어야 그 공간이 채워진다.

예수 믿어야 하나님과 소통할 수 있다.

예수 믿어야 인간의 존재론적 문제가 해결된다.

예수 믿어야 참 자유와 평안을 얻을 수 있다.

죽음에서 부활하신 예수는 참 평안이 되셨다.

예수가 평안의 주인이기 때문이다.

이 은밀한 일들을 인간이 눈치채지 못하게 최대한 많은 인간을 우리 진영으로 끌어들이자.

나의 종들아! 서둘러 각자 맡은 자리에서 인간들을 미혹하라.

영적인 눈을 감겨서 예수 믿는 길을 전면 차단하라.

빛으로 오신
예수

아담은 선악과를 먹은 불순종으로 사망이라는 그물망이 씌워졌다. 후손들을 죄인이라는 이름표를 달고 세상에 태어나게 했다.

인간 스스로 벗을 수 없는 어둠의 굴레다.

인간 세상은 사탄이 역사하는 영역으로 어둠으로 가득 차 있다.

사탄의 역사는 어둠의 생각과 좌절, 불안, 고통을 수반한다.

그 함정에 빠지면 쉽게 헤어 나올 수 없다.

사탄에게 사로잡히면 빛을 싫어하고 어둠 속으로 숨어버린다.

단절된 세상에서 자기 스스로를 어둠에 가둔다.

대화도 싫어하고 만남조차도 거부한다.

단절된 세상에 망상과 허무에 빠져 스스로를 학대하고 어둠의 일을 즐긴다.

돈과 명예가 인생의 최대 목표가 되어 자신을 던진다.

우리 모두가 이전에는 우리 육신의 정욕들 가운데서 행하였으며 육신과 마음의 욕망들을 이루어 다른 자들과 마찬가지로 본래 진노의 자녀였다(에베소서 2:3).

육체의 정욕과 마음의 욕망을 위해 산다.

육체의 욕망이 원하는 대로 자신을 방임한다.

육체의 정욕, 마음의 욕망은 허무와 일탈로 빠져들게 한다.

이것이 삶의 목적이기 때문에 그 이상의 무엇을 알지 못한다.

삶의 의미와 답을 알지 못하기 때문에 쾌락으로 자기를 학대하고 인생을 끝내는 것이다.

해결 방법은 빛을 만나는 것이다.

직접 빛과 대면해야 한다.

그분 안에 생명이 있었으니 그 생명은 사람들의 빛이라 그 빛이 어두움 속에 비치어도 어두움은 그것을 깨닫지 못하더라(요한복음 1:4-5).

사탄의 영역인 어두움은 빛이신 예수를 믿어야 물러간다.
삶의 의미와 이유와 목적을 알면 소망이 생긴다.
소망이 생기면 힘들고 어려워도 기쁨으로 감당할 수 있다.

천국을 사는
집단

나 사탄이 제일 골치 아프게 여기는 집단이 예수 이름
에 목숨을 바치는 자들이다.

이들은 믿음의 뿌리가 견고해 어떤 환난과 박해에도
넘어지지 않는다.

다시 말해 예수의 피로 인 박힌 무서운 집단이다.

하늘 영광에 참여한 이들은 나의 미혹이 잘 먹히지 않
는다.

나 사탄은 예수의 이름 앞에서는 어떤 일도 할 수 없다.

그분의 빛 앞에서는 어떤 활동도 할 수 없다.

이 집단은 말씀과 기도로 고난의 파도를 넘는다.

나 사탄의 정체를 폭로하고 예수를 증거하고 믿음의
성벽 위에서 하나님의 영광을 높인다.

믿음이 연약한 형제를 돌보고 천국 도성으로 인도하는 무서운 집단이다.

나와 내 부하 악한 영들도 이 집단 앞에서는 두려움을 느낀다.

저 예수쟁이들을 보라.

말씀, 기도, 찬송, 감사, 섬김, 순종, 이타적 사랑으로 공동체를 만들었다.

하나님께 영광 돌리는 기도와 찬양 소리는 전 세계적으로 일어난다.

그 장엄하고 웅장한 찬양에 나 사탄이 활동할 수 있겠는가.

이 집단 앞에서는 주위만 빙글빙글 돌아다닐 뿐이다.

이들은 나의 정체를 알고 있다.

이 집단은 세상에서 좋아 보이는 나의 유혹을 배설물로 여기는 천국을 사는 이들이다.

천국과 지옥을 전하고 나 사탄에게 경고하고 나의 아지트를 공격하는 무서운 집단이다.

성경을 일점일획도 거짓이 없는 하나님의 말씀으로 믿는다.

그리고 예언의 말씀들은 반드시 이루어진다고 믿는다.

다시 온다는 예수의 약속을 믿고 세상을 다스리는 자들이다.

하늘의 영광에 참여한 자들이다.

나 사탄은 내 자녀들도 함부로 대하지만, 이 집단은 함부로 할 수가 없다.

나는 이 집단이 부럽다.

이 집단은 영원한 하나님 나라에서 해같이 빛나며 왕권을 가지고 영원히 살 것이다.

사탄 숭배

나 사탄도 정당성을 찾기 위해 사탄의 교리를 만들었다. 나 사탄도 교리가 있고 성서도 있고 교회도 있다.

지금도 숭배받고 경배받고 있다.

우리의 전반적인 생활은 국가의 법률, 법령, 규정들로 통제되지 않는다.

우리는 원하는 대로 행하고 누구의 방해도 받지 않고 자유의지와 쾌락에 따른다.

우리에게 어떤 것도 강요할 수 없고 우리를 부릴 수도 없다.

마법사 알리스터 크라울리를 통해 사탄 성서를 만들었다.

안톤 라베이(Anton LaVey)는 세계 최초로 사탄 교회를 세웠다.

인간들은 나 사탄의 정체를 상상이라고 부정하지만, 실존 인물 중 세계적으로 이름이 뛰어난 인간들을 인질로 삼아 세상을 흑암에 빠트리고 있다.

우리의 규정에는 오직 한 가지 조항이 있을 뿐이다.

'당신이 원하는 것을 하라!'

지금 전 세계는 이 사탄의 교리에 발목을 잡혔다.

사탄의 교리는 학교, 심리 상담, 사회, 문화, 예술에 촘촘한 그물망을 씌웠다

서서히 아주 자연스럽게 아무도 눈치채지 못하게 사회전 영역을 파괴하고 있다.

'너 하고 싶은 대로 해. 인생의 주인은 바로 너니까. 너는 소중해. 너 자신을 사랑해. 네가 최고야. 네가 하고 싶을 대로 네 인생을 살아!'

배려와 희생, 섬김과 이해와 용서라는 아름다운 단어들은 모조리 쓸어 버려라.

그 위에 자기 이름의 똬리를 틀고 호령하라.

이것이 너의 자존감을 높일 것이다.

너는 하나님과 같아질 수 있다.

불못에
들어가는 죄

한 번 죽는 것은 정해진 것이요 그 후에는 심판이 있다

(히브리서 9:27).

인간은 죽음 후에는 자기 의지와 상관없이 반드시 하나님과 대면해야 한다.

자기 의지와 상관없이 모든 인생은 죽을 수밖에 없다.

모두가 죽는 것은 죄인이기 때문이다.

죽음은 죄인이 받는 당연한 길이다.

죄인은 당연히 죗값을 받아야 한다.

죄에 대하여라 함은 그들이 나(예수)를 믿지 아니하기 때문이요(요한복음 16:9).

죄 중에 가장 큰 죄는 예수를 믿지 않는 죄다.

예수를 믿는가, 믿지 않는가에 따라 천국과 지옥으로 나누어진다. 예수 믿지 않는 것이 죄이고, 예수 믿는 것이 하나님의 일이다.

이것이 하나님의 일이니 즉 그분이 보내신 이를 너희가 믿는 것이라(요한복음 6:29).

아무리 흉악한 죄라도 그 죗값보다 예수의 피값이 크다. 예수의 피값은 이 우주의 값보다 더 크고 세상에 태어난 전 인류의 죗값보다 더 크다.

예수는 세상과 인간을 창조하신 하나님이기 때문이다.

성경은 때려서라도 지옥 가지 못하게 하라고 한다.

너는 그를 매질해야 하리니 그리하면 그의 혼을 지옥으로부터 구해 내리라(잠언 23:14).

인간은 선한 일을 많이 하면 천국 가고, 악한 일을 많이 하면 지옥 간다는 착각을 한다.

의인은 없나니 하나도 없다(로마서 3:10).

지옥갈 수밖에 없는 단 한 가지 죄는 예수를 믿지 않는 죄다.

이제 좀 알겠는가?

나 사탄이 우는 사자같이 한 영혼이라도 집어삼킬 자를 찾고, 내가 들어가는 불못의 동행자들을 찾고 있다는 것을….

빨리 도망쳐라.
붙잡히면 지옥행이다

구원받지 못한 자들이 지옥에서 당할 고통을 성경은
이렇게 표현한다.

> 거기에는(지옥) 구더기도 죽지 않고 불도 꺼지지 아니한
> 다 사람마다 불로써 소금 치듯 함을 받으리라(마가복음
> 9:48-49).

구더기도 죽지 않고 불도 꺼지지 않는 장소가 불못이다.
사람이 불로 소금 치듯 함을 받으면 어떤 형상이 될까?
소금 뿌린 미꾸라지들을 생각해 보라.
벌겋게 달구어진 가마솥에서 튀는 소금을 생각해 보라.
감당할 수 있겠는가?

저주의 비명과 통곡과 신음에 이를 갈며 고통받을 것이다.

밤과 낮이 없고 쉼이 없는 영원의 세계다.

기름불이 지글지글 끓는 불못이다.

유황불이 타오르는 곳에서 자신의 죗값을 영원히 받아야 한다.

몸과 영혼을 능히 지옥에 멸하시는 자를 두려워하라

(마태복음 10:28).

어떤 자들은 이런 말도 한다.

"사랑의 하나님이 사람을 어떻게 지옥에 보내나요?"

하나님이 인간을 사랑하신 증거는 십자가에서 피투성이로 죽으셨다는 것이다.

하늘의 영광을 버리고 인간의 몸으로 세상에 오신 사랑이다.

지옥문을 예수의 죽음으로 막으신 사랑이다.

죽음보다 더한 사랑이 무엇인가?

그 죽음은 십자가에서 난자당하신 고난의 죽음이다.

난 지옥에 가도 예수는 절대 믿지 않을 거라고 완강히

거부하는 인간들도 많다.

나 사탄도 마지막으로 너희들에게 한마디 바른말을 하겠다.

"예수 믿고 그분의 피로 죄 사함을 받고 절대 지옥은 오지 마라."

지옥은 처참한 곳이다.

견딜 수 없는 불구덩이다.

죽음도 없는 영원한 저주의 나라다.

바닥이 없는 깊은 어두움의 블랙홀이다.

나 사탄에게서 도망쳐라. 빨리 도망쳐라. 붙잡히면 지옥행이다.

하나님을
잃어버린 나라

작금의 미국을 보라.

저들은 하나님만을 섬기겠다는 청교도의 깃발을 내걸고 프로테스탄트 국가를 만들었다.

학교, 가정, 단체 어느 곳에서나 성경 말씀이 삶의 지침이었다.

그 함성이 너무 커서 나 사탄도 어쩔 도리가 없었다.

그런데 꾸준한 나의 활동으로 학교에서 성경 공부는 일찍이 문을 닫았다.

인간이 하나님 말씀을 잃어버리며 곧바로 공허와 허무주의에 빠진다.

나 사탄이 누군가?

나는 작은 틈새만 있으면 어디든지 기어들어 가는 특

기가 있다. 이제 하나님의 깃발은 힘을 잃고 사탄의 깃발은 왕성하게 펄럭이고 있지 않는가?

나 사탄을 숭배하는 집단은 늘어가고 하나님을 예배하는 교회는 위협을 느끼고 있다.

이런 세상이 오다니 믿을 수가 없다.

거리낌 없이 사탄을 숭배하고 찬양하는 무리가 피켓을 들고 환호하는 소리를 너희도 들을 것이다.

그것도 세상에서 추앙받는 자들이 앞장서고 있다.

긴 세월 동안 지하 세계에서 정체를 숨기고 다녔지만, 이제는 나의 모습이 이 땅에 나타날 것이고 권력과 경제 앞에 인간은 무릎 꿇을 것이다.

유럽과 미국에서는 나 사탄을 공개적으로 섬기고 예배하며 의식을 행하는 교회들이 늘어나고 있다. 이름하여 사탄 교회다.

어디에서나 나에게 인사하는 손짓과 환호가 나를 충동질하고 이 영광을 받기 위한 긴 세월의 노력에 나는 이제 답하기로 했다.

바로 거대한 미국이 나의 손아귀에 들어올 최후의 결전이 남았다.

미국 사회를 움직이는 거대 기업들은 사탄 숭배와 동

성애에 빠져 있다.

거리마다 마약에 중독된 자들을 보라.

좀비 같은 저들의 모습은 하나님을 잃어버린 미국의 현 상황이다. 미국의 힘을 빼 무너뜨리는 것이 나의 마지막 과제이며 그 시점이 나의 왕국을 세우는 신호탄이 될 것이다.

나 사탄은 최후의 결전을 눈앞에 두고 큰 숨을 들이쉰다.

온 세계여 주목하라.

핵보다 위험한 AI

핵보다 더 무서운 인공 지능이 나타났다.

잠재력을 계발할 것인가, 위험성을 규제할 것인가.

전 세계가 강력한 인공 지능에 가까워질수록 낯선 일들이 더 많이 일어나고 높은 수준의 준비가 필요하다.

데이터 학습 범위 내에서만 연산할 수 있는 기존 인공 지능을 뛰어넘어 인간처럼 사고하고 연산할 수 있는 능력의 지능 모델이 나타났다.

연구진들은 이 모델의 능력을 테스트한 뒤 충격을 감출 수 없었다.

데이터 없이 스스로 학습하고 연산하는 모델의 명은 AGI다.

일반적으로 챗 GPT는 통계를 기반으로 다음 단계를

예측한다.

예측은 데이터 학습 범위 내에서만 이루어진다.

하지만 AGI는 데이터 학습 없이 연산이 가능하다.

사람처럼 응용 능력이 가능하고 사고 연산 추론이 가능한 것이다.

이제 시작이다.

하나님이 만든 하나님 형상의 인간을 파괴할 것이다.

누가 인간이고 누가 로봇일까?

참으로 인간의 세상은 무섭게 변할 것이다.

때가 이르렀다

    미국에서 루게릭병이나 사고로 신체를 움직이지 못하는 사람의 뇌에 컴퓨터 칩을 넣는 뇌 임플란트 실험 대상자를 모집한다는 최신 뉴스를 보았다.

    이미 원숭이의 뇌에 컴퓨터 칩 이식을 성공했고, 이제는 인간의 뇌에 컴퓨터 칩 이식을 실험하는 임상이 시작되었다.

    뇌 임플란트는 신체를 못 움직이는 사람의 뇌에 컴퓨터 칩을 심어 생각만으로 컴퓨터나 휴대전화를 조작할 수 있게 만드는 것으로 뇌에서 발생하는 생체 전기 신호를 분석하는 기술이다.

    미국에서는 쌀알만 한 컴퓨터 칩을 손등이나 이마에 넣는다는 소식을 들었다.

그가 모든 자 즉 작은 자나 큰 자나 부자나 가난한 자
자유자나 종이나 그들의 오른손이나 이마에 표를 받게
하고(요한계시록 13:16).

이 칩은 인공위성을 통해 소통한다고 한다.

칩을 가진 사람은 어디를 가도 컴퓨터에 잡힌다.

사람의 생각까지 읽히는 뇌 임플란트 장치의 세상을
상상해 보라.

약자들의 편리를 위한다는 슬로건으로 인간들의 저항
과 위기의식을 잠재워야 한다.

인간은 망각의 존재다.

특히 자기에게 유익이 되는 것에는 분별하지 않는 습
성이 있다.

나 사탄은 아주 조금씩 저들을 나의 그물망으로 좁힐
것이다.

서서히 인간을 제어하는 통제 사회를 만들 것이다.

하나님과 같아지고 싶은 나의 욕망은 지옥 불못에 들
어가기 전까지 인간들을 볼모 잡아 하나님이 만든 인간과
창조 세계를 파괴할 것이다.

통제 사회

나 사탄은 전 세계를 통제하는 왕국으로 만들 것이다.

짐승의 형상을 만들어 섬기게 하고 공산주의보다 더 무서운 통제 속에 인간들을 가둘 것이다.

이에 저항하면 다 죽일 것이다

또 그가 짐승의 형상에게 생명을 주는 권세를 받아 그 짐승의 형상으로 말도 하게 하고 그 짐승의 형상에게 경배하지 않는 자는 다 죽이도록 하니라(요한계시록 13:15).

멀지 않는 장래에 이런 세상이 올 것이다.

과거에 십 년이 걸리던 것이 지금은 일 년 안에 이루어지는 세상이 되었다.

인간들의 손에 있는 전화기에는 모든 세상이 들어 있다. 더욱 발전시켜 장악할 것이다.

하늘에서 땅에서 감시 카메라가 쉼 없이 자기를 비추고 있음을 명심하라.

깊은 숲속에도, 깊은 물속에도 이 넓은 세상에 숨을 곳은 없다. 도망갈 곳도, 은신처도 없다.

안전과 편리 때문이라고는 하지만, 인간의 자유와 권리를 박탈하고 한 통치자의 권세 안에서 노예처럼, 로봇처럼 꼼짝할 수 없는 통제 세상을 만들기 위함이다.

거대한 음모를 꾸미는 자들의 발 앞에 무릎을 꿇어야 하는 세상이 될 것이다.

전 세계를 한 국가, 한 시스템 안에 둘 것이다.

사탄이 대리자 적그리스도를 앞장세워 전 세계를 한 시스템으로 움직이는 세상이 오고 있다.

전 세계는 하나의 정부, 하나의 통치자만 존재한다.

각 나라의 정치, 문화, 종교, 법, 화폐를 하나로 만들어 이 세상을 통제할 것이다.

그 짐승의 형상(적그리스도)에게 경배하지 아니하는 자는 다 죽이도록 하니라(요한계시록 13:15).

지혜가 여기 있으니 총명한 자는 그 짐승의 수를 세어
보라 그것은 사람의 수니 그의 수는 육백육십육이라
(요한계시록 13:18).

이 표는 666이라는 적그리스도의 이름으로 자기가 하
나님이라고 하는 자의 숫자다.

자신을 높여 하나님의 성전에 앉아 하나님처럼 보여 자
신을 하나님이라고 하느니라(데살로니가후서 2:4).

그가 큰 이적들을 행하되 사람들의 눈앞에서 불이 하늘
로부터 땅 위로 내려오게 하고(요한계시록 13:13).

적그리스도가 하나님 노릇을 할 것이다.
인간은 나 사탄의 손아귀에서 절대 벗어날 수 없다.

온 세계가
경악할 사건

육신의 타고난 몸으로 심겨져 영적인 몸으로 일으켜진
다 육신의 타고난 몸이 있고 또 영적인 몸이 있다 우리
가 흙으로 만들어진 자의 형상을 입은 것 같이 하늘에
속한 분의 형상도 입으리라(고린도전서 15:44, 49).

보라 내가 너희에게 한 가지 신비를 보이노니 우리가
다 잠자지 아니하고 마지막 나팔 소리가 날 때에 눈 깜
짝할 사이에 순식간에 다 변화되리라 나팔 소리가 나매
죽은 자들이 썩지 않는 몸으로 일으켜지며 우리도 변화
되리라 이 썩을 몸이 반드시 썩지 아니할 몸을 입고 이
죽을 몸이 반드시 죽지 아니할 몸을 입으리라(고린도전서
15:51-53).

주께서 호령과 천사장의 음성과 하나님의 나팔 소리와 함께 하늘로부터 친히 내려오시리니 그리스도 안에서 죽은 자들이 먼저 일어나고 살아남아 있는 우리도 그들과 함께 구름 속으로 끌어 올려 공중에서 주를 영접하여 영원히 주와 함께 있으리라(데살로니가전서 4:16-17).

마지막 나팔 소리가 날 때 눈 깜짝 할 순간에 변화될 것이다.

앞으로 세상에서는 경악할 사건들만 벌어질 것이며 세계는 대혼란에 빠질 것이다.

비행기가 추락하고 열차는 탈선하고 배가 침몰하는 등 세상은 아비규환의 아수라장이 될 것이다.

수많은 사람이 죽고 건물이 파괴되고 세상은 불바다, 울음바다가 될 것이다.

이 일은 전 세계에서 동시다발적으로 일어날 것이다.

인간 세상은 충격과 대혼란과 공황 상태에 빠질 것이다. 이 사건은 예수 믿는 자들이 증발하는, 곧 이 땅에서 사라지는 사건이다.

예수 믿는 자들은 죽은 자나, 살아 있는 자나 변화된 몸을 입고 순식간에 공중으로 낚아채듯 올라갈 것이다.

예수 믿고 죽은 자들이 살아나서 먼저 구름 속으로 끌려 올라가고, 살아 있는 자들은 산채로 순식간에 변화되어 공중으로 올라갈 것이다.

휴거가 일어날 때 믿는 자들은 새로운 변화체가 될 것이다.

예수 믿지 않는 인간들도 한두 번은 들었을 것이지만, 이 일을 믿지 않는다.

오히려 코웃음을 치고 광신도들의 말장난이라고, 괴기 영화 속 얘기라고, 상상력이 풍부한 이상한 집단으로 취급한다.

왜 그럴까? 이 일은 성경에만 쓰여 있기 때문이다.

신랑 예수와 신부 교회는 공중에서 결혼한다.

어린양의 혼인 잔치에 청함을 받은 자들은 복이 있도다

(요한계시록 19:9).

신랑을 기다리면서 온갖 고난, 굶주림, 박해, 환난, 심지어 목이 베이고, 화형당하고, 짐승의 먹이가 되고, 가족에게 버림받고, 멸시 당함을 신랑을 기다리는 믿음으로 보상받는 결혼식을 상상해 보라.

신랑의 위로와 사랑 속에 신부들의 감격과 기쁨은 상상할 수 없는 영광으로 가득할 것이다.

나 사탄의 그물망에 걸려들지 않는 승리자들이다.

휴거 후
대환난의 세상

예수 믿고 구원받은 하나님 자녀들은 공중으로 들림받는다.

이 세상에는 예수를 믿지 않는 불신자들만 남을 것이다. 사탄의 권세 아래 적그리스도의 통제 속에서 살아야 할 인간들만 남는다.

그 시간부터 나 사탄은 세상에 남겨진 자들에게 불을 토하며 경악할 세상을 만들 것이다.

남은 자들은 나 사탄의 밥이다.

적그리스도에게 나의 능력과 권세를 주었다.

사탄의 대리자 적그리스도를 앞세워 전 세계를 통치할 것이다.

예수를 적으로 삼는 적그리스도다.

세상은 장차 들어갈 지옥의 훈련 장소가 될 것이다.

각 나라를 하나의 거대한 시스템으로 통제하고 장악할 것이다.

물론 종교도 하나로 만들 것이다.

은밀하게 체계적으로 전 세계를 장악할 시스템을 만드는 중이다.

과학계, 경제계, 정치계, 기업인을 막론하고 전 세계의 브레인들을 다 동원해서 이 일을 진행할 것이다.

거부하지 않고 자연스럽게 받아드리도록 말이다.

모두 내가 만든 덫에 발목이 잡힌 자들이다.

화폐나 카드는 사라지고 인간의 몸속에 표(칩)를 넣을 것이다.

> 그가 모든 자 곧 작은 자나 큰 자나 부자나 가난한 자나 자유인이나 종들에게 그 오른손에나 이마에 표를 받게 하고 누구든지 이 표를 가진 자 외에는 매매를 못하게 하니 이 표는 곧 짐승의 이름이나 그 이름의 수라(요한계시록 13:16-17).

칩(표)이 없으면 어떤 경제 활동도 할 수 없다.

짐승의 칩(표)을 받지 않으면 삶을 유지할 수가 없는 세상이 될 것이다.

과연 누가 이 참혹한 상황을 견딜 수 있을까?

만일 누구든지 짐승과 그의 우상에게 경배하고 이마에나 손에 표(칩)를 받으면 그도 하나님의 진노의 포도주를 마시리니 그 진노의 잔에 섞인 것이 없이 부은 포도주라 거룩한 천사들 앞과 어린양 앞에서 불과 유황으로 고난을 받으리니 짐승과 그의 우상에게 경배하고 그의 이름표를 받는 자는 누구든지 밤낮 쉼을 얻지 못하리라 하더라(요한계시록 14:9-11).

적그리스도 짐승의 표를 받는 자는 반드시 불과 유황으로 고난을 받는다. 영원한 불못에 던져질 것이다.

천국에 가기 위해서는 적그리스도의 표(칩)를 받으면 안 된다. 환난의 시대에는 예수 믿고 칩을 받지 않는 자만이 천국에 들어갈 수 있다.

천국에 가기 위해서는 죽음을 당해야 한다.

불같은 환난을 통과한 자들은 살아서 천년 왕국의 백성이 될 것이다.

하나님도 손을 놓다

휴거 이후에는 인간을 사랑하고 인내하신 하나님도 손을 놓을 것이다.

그때에는 하나님도 천사들을 통해 무섭고 두려운 재앙을 내리실 것이다.

첫째 천사가 가서 그 대접을 땅에 쏟으매 짐승의 표를 받은 사람들과 그 우상에게 경배하는 자들에게 악하고 독한 종기가 나더라 둘째 천사가 그 대접을 바다에 쏟으매 바다가 곧 죽은 자의 피 같이 되니 바다 가운데 모든 생물이 죽더라 셋째 천사가 그 대접을 강과 물 근원에 쏟으매 피가 되더라(요한계시록 16:2-4).

넷째 천사가 그 대접을 해에 쏟으매 해가 권세를 받아 불로 사람들을 태우니 다섯째 천사가 그 대접을 짐승의 왕좌에 쏟으니 그 나라가 곧 어두워지고 사람들이 아파서 자기 혀를 깨물고(요한계시록 16:8, 10).

십자가의 죽음으로 인간의 죄를 용서한 사랑을 거부한 인간 세상을 끝내는 진노로 다스릴 것이다.

하나님의 진노는 모든 환난과 재앙이다.

죽고 싶어도 죽음이 피해 다닐 것이다.

그날에는 사람들이 죽기를 구하여도 죽지 못하고 죽고 싶으나 죽음이 그들을 피하리로다(요한계시록 9:6).

불같은 환난을 겪은 후에야 이스라엘 백성이 회개하고 예수께 돌아올 것이다.

자신들의 구원자는 예수임을 믿고 처절하게 회개하는 무리도 많을 것이다.

적그리스도의 표(칩)를 받지 않기 위해 순교도 할 것이다.

표(칩)를 받는 자들은 사탄의 손아귀에 들어오는 숫자가 될 것이다.

표(칩)를 받는 자들은 차라리 태어나지 않는 것이 나았다. 예수를 믿지 않는 자들은 차라리 태어나지 않는 것이 복일 것이다.

그들은 영원히 불타는 지옥에 떨어지기 때문이다.

나 사탄은 하나님을 대적하고 창조 질서를 파괴하는 악한 영이다.

아담을 인질 삼고 그 후손들을 앞장세워 이 시간까지 엄청난 파괴를 이루었다.

앞으로는 더욱더 상상할 수 없는 사탄의 불꽃을 활활 타오르게 할 것이다.

그 불꽃을 지옥까지 연결해 끝까지 예수 믿지 않는 인간들에게 선물이 될 것이다.

그 세상을 기다리는가, 곧 올 것이다.

지금 시계의 초침은 그날을 향해 움직이고 있다.

예수의 지상 재림

그러나 주의 날이 도둑같이 오리니 그날에는 하늘들이 굉장한 소리를 내며 사라지고 우주의 구성요소들이 맹렬한 불로 녹아내리며 땅과 그 안에 있는 일들이 타 버릴 것이라 하나님의 날이 오기를 고대하고 열망하라 그때는 하늘들이 불에 타서 녹아버리고 우주의 구성요소들도 맹렬한 불에 녹아내릴 것이나(베드로후서 3:10, 12).

그날 환난 후에 즉시 해가 어두워지며 달이 빛을 내지 아니하며 별들이 하늘에서 떨어지며 하늘의 권능들이 흔들리리라 그때에 인자(예수)의 징조가 하늘에서 보이겠고 그때에 땅의 모든 족속들이 통곡하며 인자(예수)가 구름을 타고 능력과 큰 영광으로 오는 것을 보리라 그가 큰 나팔 소리와 함께 천사들을 보내리니 그들이 그 택하신 자들을 하늘 이 끝에서 저 끝까지 사방에서 모으리라(마태복음 24:29-31).

인자(예수)가 아버지의 영광으로 그 천사들과 함께 올 것이요 그때에 각 사람이 행한 대로 갚으리라(마태복음 16:27).

이 시간까지 나 사탄은 예수의 자리에 앉기를 원했다.

예수 이름의 흔적을 지우고 나의 왕국을 세상에 세우고 싶었다. 인간들을 인질 삼아 하나님을 대적하고 창조 질서를 파괴하면서 말이다.

하지만 처음부터 나의 일이 성공한다고 생각하지 않았다. 예수가 세상에 재림할 때까지 하나님께 허락받은 일들이기 때문이다.

나는 예수의 일들을 너무나 잘 알기 때문에 한 걸음 앞서서 예수를 흉내 내고 예수의 일을 방해했다.

너희 가운데서 하늘로 올려진 이 예수는 하늘로 가심을 본 그대로 다시 오시리라(사도행전 1:11).

예수는 예루살렘의 올리브산에 땅을 딛고 우뚝 설 것이다.

부활 후 하나님 나라로 가신 그 모습 그대로 다시 오신다는 약속을 이루실 것이다.

초림의 예수는 십자가의 죽음으로 인간의 죄를 사하시고, 재림의 예수는 인간의 죄를 심판하는 심판주로 오신다.

불신자들의 죄에 대해 심판하신다.

구약에 예언된 천년 왕국의 약속을 이루실 것이다.

그리고 천 년 동안 사탄을 가두실 것이다.

예수,
천 년을 통치하시다

이 세상의 왕국들이 우리 주와 그분의 그리스도의 왕국
들이 되었고 그분께서 영원무궁토록 통치하시리로다
(요한계시록 11:15).

천년 왕국은 현재의 인간 세상과 영원한 천국 사이에
예수께서 친히 천 년을 다스리는 지상 왕국이다.

공평과 정의로 다스리고 전쟁과 다툼이 없는 평화의
왕국이다.

예수가 왕이고 모든 창조물은 그분께 복종한다.

하나님의 뜻이 이 땅에 이루어지는 왕국이다.

에덴동산이 회복되는 왕국이다.

천년 왕국은 영적인 복과 현세적인 복을 함께 허락할

것이다.

모든 저주에서 해방이 되며 지상낙원에서 살아가는 복을 누린다. 하늘에서 이루어진 것 같이 땅에서도 이루어질 것이다.

사탄과 악한 영들이 붙잡혀 무저갱에 들어가고 세상에서 활동할 수 없기 때문에 지상의 낙원이 회복된다.

마귀요 사탄인 그 용 곧 저 옛 뱀을 붙잡으니 그가 그를 붙잡아 천 년 동안 결박하여 바닥없는 구덩이에 던져 넣어 가두고 그 위에 봉인을 하여 천 년이 찰 때까지는 그가 더 이상 민족들을 속이지 못하게 하니라(요한계시록 20:2-3).

천년 왕국의 통치자 휴거된 그리스도인들은 부활의 몸으로 예수의 재림 때 땅으로 함께 내려와 왕과 제사장으로 천년 왕국을 통치하고 다스릴 것이다.

우리가 고난을 당하면 그분과 함께 통치하리라(디모데후서 2:12).

우리를 왕과 제사장으로 삼으신 그분께 영광과 통치가 영원무궁토록 있기를 원하노라(요한계시록 1:6).

하늘에 있던 군대들이 희고 깨끗한 아마포 옷을 입고 흰 말을 타고 그분을 따르더라(요한계시록 19:14).

환난의 때에 순교한 자들이 살아서 통치자가 된다.

또 예수에 대한 증거와 하나님의 말씀으로 인하여 목 베임을 당한 사람들의 혼들도 보았는데 그들은 그 짐승에게나 그 형상에게 경배하지 않았을 뿐만 아니라 그들의 표를 그들의 이마 위에나 손에도 받지 아니하였더라 그러므로 그들은 살아서 그리스도와 함께 천 년을 통치하더라(요한계시록 20:4).

천년 왕국의 백성은 예수의 재림을 직접 눈으로 보고 처절한 회개를 통해 예수가 메시아임을 믿을 것이다.

아버지의 복을 받은 자들아 세상에 기초가 놓인 이래로 너희를 위하여 준비한 그 왕국을 이어 받으라(마태복음

25:34).

그들이 나 곧 자기들이 찌른 나를 바라보고 사람이 자기 외아들을 위하여 애곡하듯 사람이 자기의 처음 난 자를 위하여 슬퍼하듯 그를 위하여 쓰라리게 슬퍼하리로다(스가랴 12:10).

볼지어다 그가 구름을 타고 오시리라 각 사람이 그를 보겠고 그를 찌른 자들도 볼 것이요 땅에 있는 모든 족속이 그로 말미암아 애곡하리니(요한계시록 1:7).

유대인들은 초림의 예수를 부인하고 십자가에 처형했지만 환난을 통과하면서 비로소 유대인의 구원자는 예수임을 믿을 것이다.

7년 환난을 통과한 수많은 사람이 회개하고 예수를 믿고 구원받을 것이다.

이들은 천년 왕국에 들어가는 왕국의 백성이 된다.

천년 왕국에서 그들은 회복된 에덴동산 같은 땅에서 풍요를 누릴 것이다.

이리도 어린양과 함께 거하며 표범이 염소 새끼와 함께 누우며 송아지와 젊은 사자와 살찐 짐승이 함께 있어 어린아이가 그것들을 인도하며 암소와 곰이 함께 먹으며 그것들의 새끼들이 함께 누우며 사자가 소처럼 풀을 먹으며 젖 먹는 아이가 독사의 구멍에서 놀며 젖 땐 아이가 독사의 굴에 손을 넣을 것이로되(이사야 11:6-8).

날 수가 많지 않은 어린 아기나 자기의 날들을 채우지 못한 노인이 다시는 거기에 없으리니 아이가 백 세에 죽으리라 죄인은 백 세가 되어도 저주받은 자가 되리라 (이사야 65:20).

그들이 헛되이 수고하지 아니하고 고난을 위해 열매를 맺지 아니하리니 그들은 주에게 복 받은 자의 씨요 그들과 함께하는 그들의 후손도 그와 같으리라 그때에는 그들이 부르기 전에 내가 응답하며 그들이 아직 말하는 도중에 내가 들으리라 이리와 어린양이 함께 먹고 사자가 수소처럼 짚을 먹으며 흙이 뱀의 양식이 되리니 나의 거룩한 산 모든 곳에서 그것들이 해치거나 멸하지 아니하리라 주가 말하노라(이사야 65:23-25).

회복된 풍요를 누리며 환경오염과 질병과 전쟁의 위협
에서도 해방될 것이다.

사탄의
최후 진술

나 사탄은 하나님 자리를 탐내고 하나님과 같아지고 싶었다.

하나님을 대적한 교만으로 하늘에서 떨어져 땅으로 내쫓겼다. 첫 사람 아담과 하와를 미혹해 하나님께 쫓겨난 것이다.

인간은 나 사탄의 꾐과 미혹에 수많은 고통과 일에 시달려 왔다.

인간을 인질 삼고 하나님과 같아지고 싶은 나의 욕망을 위해 이용하였다.

선악과를 먹은 인간의 욕망도 하나님과 같아지고 싶은 욕망이었다.

하나님을 대적하고 창조 질서를 파괴하고 각 시대마다

인간들을 이용하여 끊임없이 질주하였다.

에덴동산에서 선악과를 먹게 한 사건은 하나님이 만드신 최상의 완벽한 법칙과 질서를 파괴하는 공격이었다.

인간의 죄를 사하신 예수를 믿지 못하게 훼방하고 미혹하였다. 지금 세상은 나 사탄의 왕국이며 불법과 죄가 해결되지 않는 세상이다.

지금 세상은 예수 믿는 자와 믿지 않는 자가 함께 살면서 예수 믿는 자들이 박해와 환난과 궁핍과 시험을 당하는 세상이다.

예수 없는 왕국을 건설하려는 자들은 성경을 부인하고 하나님을 대적한다.

나 사탄은 예수의 왕국보다 한발 먼저 이 땅에 나의 왕국을 건설하기 위해 과학을 이용하고 인간을 인질 잡았다. 수많은 음모와 거짓으로 창조 질서를 파괴하고 인간들을 미혹하고 있다.

나는 인간들에게 이 땅에 영원한 파라다이스 유토피아를 만들 수 있다고, 죽지 않고 영원히 사는 세상을 만들수 있다고 속삭인다.

하지만 유토피아는 예수가 통치하는 천년 왕국이다.

예수는 천년 왕국의 통치자로 이 세상을 통치할 것이

다. 지금도 나는 한 영혼이라도 지옥에 빠뜨리기 위해 온 세상을 두루 헤맨다.

> 그 천 년이 끝나면 사탄이 그의 감옥에서 풀려나 그들을 미혹하던 마귀가 불과 유황 못에 던져지니 그곳에는 그 짐승과 거짓 선지자도 있어 영원무궁토록 밤낮 고통을 받으리라(요한계시록 20:7, 10).

나 사탄은 천 년이 끝나면 무저갱에서 풀려나 잠깐 동안 천년 왕국 백성을 미혹하지만, 마지막에는 영원한 불 못에서 죄의 고통을 받게 될 것이다.

백 보좌 심판

죽은 자들이 큰 자나 작은 자나 그 보좌 앞에 서 있는
데 책들이 펴있고 또 다른 책이 펴졌으니 곧 생명책이
라 죽은 자들이 자기 행위를 따라 책들에 기록된 대로
심판을 받으니 바다가 그 가운데서 죽은 자들을 내주고
또 사망과 음부도 그 가운데서 죽은 자들을 내주매 각
사람이 자기의 행위대로 심판을 받고 사망과 음부도 불
못에 던져지니 이것은 둘째 사망 곧 불못이라 누구든지
생명책에 기록되지 못한 자는 불못에 던져지더라(요한
계시록 20:12-15).

하나님은 모든 행위와 모든 은밀한 일을 선악간에 심판
하시리라(전도서 12:14).

백 보좌 심판대는 죄를 용서받지 못한, 즉 예수 믿지 않은 자들이 자기 행위의 심판을 받는 자리다.

백 보좌 심판대는 예수 믿지 않는 영혼들이 영원히 죽지 않는 형질의 몸을 입고 책들에 기록된 자기 평생의 죄에 대한 심판을 받는 최후의 자리다.

하나님은 마음속 은밀한 일과 생각과 동기까지 다 꿰뚫어 보시는 분이다.

예수의 피로 용서받지 못한 자들이 평생 지은 죄, 행동, 생각, 은밀한 일까지 심판받는다.

심판의 기준은 하나님의 말씀이다.

그분의 눈을 피할 수는 없다.

생명책에는 무엇이 기록되어 있을까?

예수의 피로 자기 죄를 씻음 받고 죄 사함을 받은 예수 믿는 자들의 이름이다.

우리가 반드시 다 그리스도의 심판석 앞에 나타나리니

(고린도후서 5:10).

예수를 믿어 그 피로 죄를 용서받은 자들은 상급의 심판을 받는다.

하나님 나라는 차별은 없지만 차등은 있다.

생명책에 기록된 자들은 백 보좌 심판대에는 서지 않는다.

그러므로 이와 같이 우리 각 사람이 자신에 관하여 하나님께 회계보고하리라(로마서 14:12).

하나님은 불의하지 아니하사 너희 행위와 그의 이름을 위하여 나타낸 사랑으로 이미 성도를 섬긴 것과 이제도 섬기고 있는 것을 잊어버리지 아니하신다(히브리서 6:10).

그가 어둠에 감추인 것들을 드러내고 마음의 뜻을 나타내시리니 그때에 각 사람에게 하나님으로부터 칭찬이 있으리니(고린도전서 4:5).

새 하늘과 새 땅

새 하늘과 새 땅을 보니 처음 하늘과 처음 땅이 없어졌고 바다도 다시 있지 않더라 거룩한 성 새 예루살렘이 하나님께로부터 하늘에서 내려오니 그 준비한 것이 신부가 남편을 위하여 단장한 것 같더라(요한계시록 21:1-2).

모든 눈물을 그 눈에서 닦아 주시니 다시는 사망이 없고 애통하는 것이나 곡하는 것이나 아픈 것이 다시 있지 아니하리니 처음 것들이 다 지나갔음이니라(요한계시록 21:4).

의인들만 거하는 의로 충만한 세상이다.
죄인은 들어올 수 없는 세상이다.

죄의 더러움과 저주와 허무함이 없는 완전하고 새로운 나라다.

아, 자유다. 해방받은 자의 완전한 자유다.

세상 살 때 절망의 순간들, 밤새워 쏟아낸 눈물, 밤을 하얗게 보낸 시간, 숨 멎을 것 같던 공포, 죄악의 언덕을 넘어 드디어 나의 본향 천국에 입성한 자들의 함성은 온 하늘을 뒤덮는다.

매일매일이 축제다.

먹지 않아도 살 수 있는 곳, 잠을 자지 않아도 피곤하지 않는 곳이다.

죽음과 질병에서 해방되고, 싸움과 고통에서 노임 받고, 공포와 불안에서 평안하고 저주와 슬픔에서 승리했다.

천국에 입성한 자들의 감격은 천사들도 부러워한다.

각종 보석으로 지은 아름다운 성곽 길은 맑은 유리 같은 순금이다.

눈물 닦아 주시는 사랑, 면류관 씌어 주신 예수의 사랑, 천국에 입성한 자들의 승리는 사탄을 이겨낸 승리다.

모든 것을
꿰뚫어 보시는 하나님

인간과 만물을 창조하신 하나님께서는 지금도 그분의 계획과 뜻 안에서 역사를 이루어 가신다.

하나님은 불꽃 같은 눈으로 세상 모든 사람을 꿰뚫어 보신다.

믿는 자, 믿지 않는 자 등 모든 사람을 알고 계신다.

그들은 자기들의 지식 가운데 하나님 두기를 싫어하니 하나님께서 그들을 버림받은 마음에 내버려 두시어 온당치 아니한 일을 하게 하셨도다(로마서 1:28).

믿지 않는 자들은 여러 가지 변명을 하지만 그런 변명을 하는 이유는 하나님을 마음에 모시기 싫기 때문이다.

하나님도 버림받은 상태로 그들을 내버려두고 그들은 합당하지 않는 일들을 한다고 하셨다.

선악과 사건으로 타락한 인간은 죄짓는 일에서 많은 쾌락을 느낀다.

남과 비교해서 나는 너와 같지 않다고 스스로를 합리화한다.

죄는 은밀한 생각과 마음에서 출발해 현상으로 나타난다.

사람에게서 나오는 것이 그 사람을 더럽게 한다 악한 생각, 간음, 음행, 살인, 도둑질, 탐욕, 악의, 사기, 방탕, 악한 눈, 하나님을 모독, 교만, 어리석음 이런 악한 모든 것은 속에서 나와 그 사람을 더럽힌다(마가복음 7:20-23).

변명의 여지가 없다.

사탄에게 잡히면 죄를 지어도 양심이 마비된다.

죄를 짓고도 변명과 뻔뻔함으로 세상을 경악시킨다.

존재 자체가 죄인이기 때문에 죄에 대한 본능을 막을 방법이 없다.

양심은 죄를 지으면 안 된다고 말하지만 의식 속에서

만 흐를 뿐이다.

죄는 다짐으로도, 채찍으로도 끊을 수 없다.

인간은 태어날 때 죄의 오물을 뒤집어쓰고 첫울음을 운다.

내가 동산에서 하나님의 음성을 들었으나 벌거벗었으므로 두려워 숨었나이다(창세기 3:10).

아담과 하와는 선악과를 먹고 자신들이 벗었다는 것을 알았다. 그리고 두려워 숨었다.

벗은 자들은 두렵다.

스스로 무화과 잎, 즉 선행, 봉사, 수도, 예배, 고행의 종교의식 등의 옷을 입지만, 근원적인 죄의 두려움은 해결하지 못한다.

하나님은 양을 잡아 아담과 하와에게 가죽옷(구원의 옷)을 입혀 주셨다.

주 하나님께서는 아담과 하와에게 가죽으로 옷들을 만들어 그들에게 입히시니라(창세기 3:21).

양을 죽여 그 가죽으로 죽임 당한 아담과 하와에게 옷을 입혀 주셨듯이 예수가 죽음의 피를 흘려 죄를 용서해 주는 약속을 십자가에서 이루셨다.

죄인에게 의로운 옷을 입혀 주셨다.

육체의 생명이 피에 있음이라 혼을 속죄케 하는 것이 피이기 때문이라(레위기 17:11).

예수 믿는 자들은 가죽옷을 입은 자들이다.

영원한 하나님 나라에 참여한 자들이다.

세상은 더 화려해지고 유혹의 손길은 더 강해질 것이다.

하나님의 비웃음

　세상은 하나님의 통치를 속박으로 여기며 벗어나고 싶어한다.

　악한 자들은 하나님의 통치를 거부하고 대항한다. 인본주의, 세속주의, 향락주의는 창조 질서를 깨트리고 윤리를 파괴한다.

　악인들은 당을 지어 악을 행하며 하나님을 대적하고 예수 대속의 죽음을 거부한다.

　온 세계가 예수의 이름을 빼기 위해 원수와도 마음을 합한다.

　헤롯과 빌라도는 원수였지만 예수의 죽음 앞에는 마음이 하나였다. 인간 스스로 하나님이 되자는 엄청난 함성이 마지막 파멸을 부르고 있다.

이들은 연합하며 한 목소리를 낸다.

자신들의 의식과 행위로 바벨의 의를 쌓아 하늘에 도달하자고 속삭인다.

우리 이름을 내자, 흩어지지 말자, 하늘에 도달하자.

세상 통치자들은 은밀하게 뭉쳐서 하늘에 도전한다.

교회가 배교의 길을 걷게 하고 말씀을 왜곡하게 만든다. 예수 이름을 뺀 다원주의 통합 종교를 만들기 원한다.

에덴의 최대 거짓과 속임의 말, "너 하나님과 같아져".

땅의 왕들이 나서고 치리자들이 서로 의논하여 주와 그의 기름 부음 받은 이를 대적하여 말하기를 우리가 그들의 결박을 끊고 그들의 멍에를 벗어 버리자 하는도다 (시편 2:2-3).

하나님은 악인들의 교만과 대적 행위를 모두 꿰뚫어 보신다. 인간은 뛰어도 그 자리에 떨어지는 벼룩과 같다.

지혜로운 자는 인간의 실체를 알고 있다.

하늘들에 앉으신 분이 웃으실 것이요 주께서 그들을 비웃으시로다(시편 2:4).

이 세상을 향한 하나님의 뜨거운 열정이
우리를 구원에 이르게 하였다.